Jean Starobinski
Ilse Grubrich-Simitis
Mark Solms

Hundert Jahre ›Traumdeutung‹
von Sigmund Freud

Drei Essays

S. Fischer

›Die Traumdeutung‹ von Sigmund Freud erschien 1900
im Verlag Franz Deuticke, Leipzig und Wien.
Ausgeliefert wurde sie allerdings bereits im November 1899.
Anläßlich der 100. Wiederkehr dieses Datums legte der
S. Fischer Verlag im Herbst 1999, in einmaliger Auflage,
einen Reprint der Erstausgabe vor.

Die vorliegenden Essays, zusammengestellt von
Ilse Grubrich-Simitis, wurden als Begleittexte
für diesen Reprint verfaßt.

Sonderausgabe für
Deutsche Gesellschaft für Psychoanalyse, Psychotherapie,
Psychosomatik und Tiefenpsychologie e.V.

© 1999 S. Fischer Verlag GmbH, Frankfurt am Main
Reproduktion des Faksimiles auf Seite 40: © 1999 A. W. Freud *et al*
by arrangement with Mark Paterson & Associates
Gesetzt bei Fotosatz Otto Gutfreund GmbH, Darmstadt
Gedruckt bei Wagner GmbH, Nördlingen
Gebunden bei G. Lachenmaier, Reutlingen
Printed in Germany 1999
ISBN 3-10-022810-3

Inhalt

Jean Starobinski
Acheronta movebo
Nachdenken über das Motto der ›Traumdeutung‹

7

Ilse Grubrich-Simitis
Metamorphosen der ›Traumdeutung‹
Über Freuds Umgang mit seinem Jahrhundertbuch

35

Mark Solms
›Traumdeutung‹ und Neurowissenschaften

73

Jean Starobinski

Acheronta movebo

Nachdenken über das Motto
der ›Traumdeutung‹

Das Anfangskapitel der *Traumdeutung* faßt die Traumliteratur zusammen. Freud schloß diese Seiten im Juli 1899 ab, unmittelbar bevor er die Passagen über die Traumarbeit revidierte und sich an die definitive Niederschrift des großen Schlußkapitels über die Psychologie der Traumvorgänge machte. Eine Übersicht über die Traumliteratur geben zu sollen, empfand er als Fron. Aus defensiven Gründen schien es ihm jedoch unumgänglich. Im Gegensatz dazu wurden die »philosophischen« Ausführungen mit freudigem Elan niedergeschrieben, allerdings gemischt mit Sorge hinsichtlich der Zeitknappheit, denn unterdessen war mit dem Druck von Teilen des Buches begonnen worden. Am 17. Juli, vor der Abreise nach Berchtesgaden, hatte Freud Fließ die Wahl seines Mottos mitgeteilt. Am 6. August steht die Übersicht, und der Aufbau des Buches läßt sich in eine große Vergleichsformel fassen. Das Werk werde einem Spaziergang in einer abwechslungsreichen Landschaft ähneln: »Nun ist das Ganze so auf eine Spaziergangsphantasie angelegt. Anfangs der dunkle Wald der Autoren (die die Bäume nicht sehen), aussichtslos, irrwegereich. Dann ein verdeckter Hohlweg, durch [den] ich den Leser führe – mein Traummuster mit seinen Sonderbarkeiten, Details, Indiskretionen, schlechten Witzen –, und dann plötzlich die Höhe und die Aussicht und die Anfrage: Bitte, wohin wünschen Sie jetzt zu gehen?«[1]

Freud möchte, daß sein Leser (das heißt zunächst Fließ, der Adressat des Briefs, dem er auch die Rolle des Zensors zugedacht hatte), sich seiner Führung anvertrauend, von einer durchgehenden Bewegung getragen und durch eine Landschaft mit offenen Wegen belohnt werde. Bei dem Gang, den Freud sich vorstellt, gibt es zunächst einen dunklen Wald, der ihm Anlaß bietet, das Sprichwort »er sieht den Wald vor lauter Bäumen nicht« scherzhaft umzukehren. Man muß auch die Bäume betrachten! Die Vorgänger haben das versäumt, was

---

[1] Freud, 1985c [1887–1904], S. 400–401. Siehe auch die Angaben in der *Studienausgabe* der *Traumdeutung* (1900a, Bd. 2). Das Bild vom Spaziergang findet sich zu Beginn des dritten Kapitels des Werks: »Wenn man einen engen Hohlweg passiert hat und plötzlich auf einer Anhöhe angelangt ist, von welcher aus die Wege sich teilen und die reichste Aussicht nach verschiedenen Richtungen sich öffnet, darf man einen Moment lang verweilen und überlegen, wohin man zunächst sich wenden soll« (S. 141/S. 85; die zweite Seitenzahl bezieht sich auf die Erstausgabe der *Traumdeutung*, also auch auf den Reprint). Siehe ferner Walter Schönau, 1968, S. 160–170.

sie hätten sehen müssen. Er aber hat sich entschieden, weiterzugehen, die Höhe zu gewinnen und die »Aussicht« zu erreichen, deren Genuß allen vorausgesagt wird, die ihm zu folgen gewillt sind. Die Bewegung, die ins Helle führt, hat so diejenigen, die nicht zu sehen vermochten, von denen geschieden, die das Vorrecht haben zu sehen.

Der Spaziergang, der im dunklen Wald beginnt und durch den Hohlweg führt, ist nicht ohne Bezug zur Sommerfrische in Berchtesgaden. Das Bild erinnert überdies – und sei es ironisch – an das Abenteuer des Helden der Chanson de geste. Man darf auch an den Mythos des Konquistadoren denken, auf den Freud sich beim Schreiben an den Freund einige Monate später berief, in einem Augenblick, als er glaubte, kein »Mann der Wissenschaft« zu sein: »Ich bin nichts als ein Conquistadorentemperament, ein Abenteurer, wenn du es übersetzt willst, mit der Neugierde, der Kühnheit und der Zähigkeit eines solchen.«[2] Das Bild ist stets das eines fortschreitenden Gangs zu neuen Entdeckungen, zu Horizonten, die sich auf immer umfassendere Unternehmungen öffnen. Dieses Bild selbst ist weit davon entfernt, neu zu sein. Descartes hatte darauf zurückgegriffen. Jede methodische Abhandlung, die auf ein weit von ihren Grundlagen entferntes Ziel gerichtet ist, konnte als ein Aufbrechen oder eine Seefahrt in die Ferne dargestellt werden. Die Entdeckungsreise, die Durchquerung der Wüste, die Überfahrt über die Ozeane sind die dichterischen Gleichnisse für jede große intellektuelle Forschung, die sich diskursiv entfaltet. Es ist nicht sicher, ob das Begehen von *Irrwegen* zu einem Abschluß oder zu einer Ruhepause führt. Freud kennt seine literarischen Vorläufer und macht von ihnen einen zuweilen humorvollen Gebrauch. Die Geschichte vom armen Juden ohne Fahrkarte, den der Zugschaffner schlecht behandelt und der dennoch nach Karlsbad zu gelangen hofft, »wenn unsere Konstitution es aushält«[3], schiebt sich hartnäckig zwischen die heroischen Gleichnisse.

Nichts ist bezeichnender als Freuds Unzufriedenheit am Ende der Niederschrift der *Traumdeutung*. Als er vor der Veröffentlichung Korrektur lesen muß, fühlt er etwas in sich »schwer beleidigt«: er hätte gern eine schönere »Form« gefunden, um sein Vorhaben besser durchzuführen (Brief vom 21. September 1899). Er wirft sich eine unvollkommene »Beweisführung« vor und ein Übermaß an »bildersuchenden Umschreibungen«. Er hätte »den edlen einfachen Ausdruck« finden müssen. Das beinahe Winckelmannsche Ideal, das verfehlt zu haben er sich vorwirft, ist die reine Linie, das elegante Voranschreiten des Gedankens, der den Leser von Evidenz zu Evidenz führt. Darin wollte er nicht, daß das Buch seinem Gegenstand – dem Traum – gleiche, da die Träumer »im Gedränge sind, ihnen der gerade Weg versperrt ist« (Brief vom 11. September 1899). Um zur Erkenntnis des Traums und durch ihn der Hysterie und der Neurose zu gelangen, besteht die Aufgabe darin, die Umwege und Abweichun-

---

[2] AaO, S. 437.
[3] AaO, S. 230f.

gen des Traums zu *deuten* – durch ein intellektuelles Vorgehen, das seinerseits weder Umwege noch Abweichungen duldet. »Die Traumdeutung [...] ist die Via regia zur Kenntnis des Unbewußten im Seelenleben.« Dieser berühmt gewordene Satz ist eine Ergänzung zur Ausgabe der *Traumdeutung* von 1909. Sie erscheint im letzten Kapitel (VII, E).

Mit dem Bild des Königsweges, der Via regia, erhebt Freud das Bild des fortschreitenden Ganges ins Weihevolle und Feierliche. Diese im Druck damals gesperrte Behauptung ist unmittelbar unter das Zitat des Vergil-Verses (*Aeneis* VII 312) gesetzt, das sich ein erstes Mal in der Rolle als Motto auf der Titelseite des Werkes findet:

> Flectere si nequeo superos, Acheronta movebo.
> (Weigern's die droben, so werd ich des Abgrunds Kräfte bewegen.)

Dieser Vers Vergils stellt, wie wir wissen und noch genauer sehen werden, in einer mächtigen Allegorie den Umweg dar, den die Kraft des Begehrens einschlägt, wenn der »gerade Weg« ihr »versperrt« ist. Wir befinden uns am Zielpunkt des Buches, an dem Ort, da der Angreifer sich sagt, daß die Stadt erobert ist. Die Ergänzung von 1909 und der lateinische Ausdruck, der zu dem lateinischen Vers das Echo bildet, bedeuten ein beinahe emphatisches Unterstreichen. Der Vers Vergils symbolisiert den Prozeß des Traums, das heißt den untersuchten Gegenstand, während die »Via regia« den Zugang symbolisiert, das heißt die Methode. Der lateinische Vers und der hinzugefügte Satz verwirklichen beinahe monumental die Verbindung des erkannten Gegenstands und der triumphierenden Erkenntnis. Der zurückgelegte Weg wird in der Rückschau als ein Fortschreiten zum Wissen betrachtet. Und die typographische Auszeichnung ist aufschlußreich. Jetzt, da der Vers Vergils wiederholt worden ist und das ganze Buch einrahmt, soll er nicht mehr als etwas außerhalb des Textes erscheinen: sein Platz ist schließlich im Text, dessen zentrale Lehre hinsichtlich der Verdrängung er emblematisch zusammenfaßt. Am Ende seines Weges versteht der Leser vollständiger, was ihm der Titel angekündigt hatte. (Das Motto hat in der überlieferten Ästhetik der Titelseite die Rolle des Wahlspruchs unter dem Wappen.)

Gewiß gehört Vergil nicht zu den Autoren, die, wie Goethe, Schiller und Shakespeare, Freud die meisten seiner literarischen Zitate liefern. Aber man muß bei Vergil verweilen, denn die *Aeneis* steht an zentraler Stelle der römischen Bilder, die in der Einbildungskraft und den Gefühlen Freuds so bedeutend sind. Ob es sich um das psychologische Hemmnis handelt, das seine erste Reise nach Rom verzögerte, um die Anziehungskraft, die Jensens *Gradiva* mit ihrem pompejanischen Schauplatz ausübt, oder um die Anziehungskraft der antiken Kleinplastiken auf den Sammler, die römischen Elemente sind zahlreich und eng untereinander verbunden. Rom wurde als Vergleich zum Paradigma der Überlagerungen und Koexistenzen, die Freuds Topik im psychischen Apparat voneinander unterscheidet. Freud nimmt dieses Thema wieder auf am Anfang von *Das Unbe-*

hagen in der Kultur, wo es sich um das »Problem der Erhaltung im Psychischen«[4] handelt. Er beschwört dazu die baulichen Überreste aller Epochen Roms und fügt hinzu: »Nun machen wir die phantastische Annahme, Rom sei nicht eine menschliche Wohnstätte, sondern ein psychisches Wesen von ähnlich langer und reichhaltiger Vergangenheit, in dem also nichts, was einmal zustande gekommen war, untergegangen ist, in dem neben der letzten Entwicklungsphase auch alle früheren noch fortbestehen.«[5] Die lange Aufzählung der gleichzeitig erhalten gebliebenen Bauwerke bildet eine ganz einzigartige Traumlandschaft.

Was bedeutete Vergil für Freud? Er war als Autor die Quelle für das Heidentum. Eine der obligatorischen Schwellen, um in die europäische humanistische Bildung einzutreten. Ein Autor, den man im Gymnasium unter Kameraden und Rivalen liest. Ein Autor, der die Ursprünge Roms besingt, indem er seine siegreiche Rivalität mit Griechenland, aber auch mit Karthago beschwört, dessen Helden Sigmunds Sympathie erlangten. Ein Autor, an dem man seine Qualität beweisen muß, da man gewärtigen kann, ihn bei der Abiturprüfung übersetzen zu müssen. In dem detaillierten Brief an Emil Fluß vom 16. Juni 1873 spricht Freud von seiner Prüfung und vergleicht sein Ergebnis mit dem seiner Konkurrenten! »In Latein bekamen wir eine Stelle aus Virgil, die ich zufällig vor längerer Zeit privat gelesen hatte, das verleitete mich, rasch in der Hälfte der dazu bestimmten Zeit zu arbeiten und mir das Vorzüglich zu verscherzen. Ein anderer hat also hier vorzüglich, ich selbst die zweite Arbeit mit lobenswert.«[6] Wir wissen, welche Stelle aus Vergil es war, die Freud schon vorher »privat« gelesen hatte: die Episode von Nisus und Euryalus.[7]

Diese Übersetzung aus dem Lateinischen ist nicht weniger mit Vorbedeutung beladen als die Übersetzung aus dem Griechischen, bei der es um dreiunddreißig Verse aus dem *König Ödipus* des Sophokles ging. Liest man »zufällig« die Episode von Nisus und Euryalus? Das ist ein ganz gewöhnlicher Übungsplatz für die Schuljugend! Denn die beiden jungen Trojaner, die zu einer nächtlichen Expedition aufbrechen, bei der sie beide zugrunde gehen, ist ein archetypisches Bild militärischer Kameradschaft. (Ihre Unternehmung ist der von Odysseus und Diomedes in der *Ilias* nachgebildet.) Nisus ist der Wächter an einem der Tore des trojanischen Lagers. Euryalus ist der schönste Jüngling der trojanischen Jugend. »Einerlei Freundschaft eint die zween und einerlei Kampflust. *His amor unus erat pariterque in bella ruebant.*« Nisus und Euryalus beschließen, zum Kampf aufzubrechen, um etwas Großes zu vollbringen. Was ist ihr Ziel? Sie wollen in der Nacht die Belagerung um ihren Lagerplatz durchbrechen, die betrunkenen und eingeschlafenen Feinde überraschen und mit Aeneas – dem abwesenden Vater – zurückkehren, der ausgezogen war, um in Pallanteum ein Bündnis über

---

[4] Freud, 1930a, S. 201.
[5] AaO, S. 202.
[6] Freud, 1969a [1872–74], S. 119.
[7] Vergil, *Aeneis* IX 176–223.

den Ort, wo Rom gebaut werden sollte, abzuschließen. Bei den Versen, die Freud übersetzt hat, muß die Ansprache des Nisus an Euryalus die besondere Aufmerksamkeit erregen:

Nisus beginnt: »Ob wohl ein Gott die Seelen ermutet,
Oder ob jeder dahier sein eigenes Gehren zum Gott macht?
Mich, Euryalus, mich treibt's um, seit langem begehr ich
Feldschlacht oder Gefahr, mag hier nicht rasten und feiern.«
(Übers. von R. A. Schröder.)
Nisus ait: Dine hunc ardorem mentibus addunt,
Euryale, an sua cuique deus fit dira cupido?
Aut pugnam aut aliquid iamdudum invadere magnum
Mens agitat mihi nec placida contenta quiete est.[8]

Man fragt sich, wie diese wunderbaren Verse und diese Situation heroischen Einverständnisses von Freud wahrgenommen wurden. Weder diese Stelle noch die Namen der beiden jungen Krieger werden in Freuds Texten erwähnt, aber wie sollte man nicht trotzdem an das Vorbild denken, das sie dargestellt haben, wenn man in der *Traumdeutung* liest: »Ein intimer Freund und ein gehaßter Feind waren mir immer notwendige Erfordernisse meines Gefühlslebens; ich wußte beide mir immer von neuem zu verschaffen, und nicht selten stellte sich das Kindheitsideal so weit her, daß Freund und Feind in dieselbe Person zusammenfielen, natürlich nicht mehr gleichzeitig [...].«[9]

Der Vergleich mit dem, was Freud in seinem Brief an Fließ vom 3. Oktober 1897 über »das Neurotische aber auch das Intensive an allen meinen Freundschaften« schreibt, drängt sich auf. Und an die Episode bei Vergil muß man vor allem denken, wenn Freud in seinem Brief an Fließ vom 7. August 1901 die »Männerfreundschaft« verteidigt und sie rechtfertigt, indem er von »Leistungen« spricht, in denen »sich die androphile Strömung beim Manne sublimieren läßt«. Dieses Geständnis stammt aus einer Zeit, da Freuds Freundschaft für Fließ sehr nahe daran ist, sich in Feindschaft umzukehren. Was mich noch mehr erstaunt, ist, daß die von Nisus gestellte Frage bei Freud wiederkehrt: ist die Absicht, die wir von den Göttern inspiriert glauben, nicht vielmehr unser »grauenvolles Begehren« (*dira cupido*), das sie formuliert hat, indem es für uns ein Gott wurde? Wenn Freud am 12. Dezember 1897 an Fließ schreibt, glaubt er sich weit vorzuwagen, als ihm dieser Gedanke (dessen Vorläufer bei Vergil er nicht erwähnt) in moderneren Ausdrücken in den Sinn kommt. Es geht um die gleiche Alternative und um die gleiche Reduzierung des Göttlichen auf unsere

---

[8] AaO, Vers 184–187. Der Ausdruck *dira cupido* am Versende wird zweimal im Buch VI (Abstieg in die Unterwelt, 373, 721) verwendet, jedesmal bei einem Wunsch, der einen Übergang erzwingen möchte: der noch nicht bestattete Palinurus will den Styx überqueren; die wieder für einen Leib bestimmten Seelen wollen zum Licht aufsteigen.

[9] 1900a, S. 465/S. 282.

Gefühlsenergie. Freud stellt diesen Gedanken als »die neueste Ausgeburt meiner Denkarbeit« vor, indem er bei dieser Gelegenheit den Begriff der »endopsychischen Mythen« prägt: »Die unklare innere Wahrnehmung des eigenen psychischen Apparates regt zu Denkillusionen an, die natürlich nach außen projiziert werden und charakteristischerweise in die Zukunft und in ein Jenseits.«[10] Wenn Freud in *Zur Psychopathologie des Alltagslebens* diesen Gedanken wiederaufnimmt, erblickt er in der Wissenschaft das Mittel, die »übersinnliche Realität« wieder in die »Psychologie des Unbewußten«[11] zurückzuübersetzen und zurückzuverwandeln, das heißt, von dem Gott (*deus*) auf das grauenvolle menschliche Begehren (*dira cupido*) zurückzukommen. Die Stelle, die Freud zweimal übersetzt hatte – zunächst »privat« und ein zweites Mal am Tag der Prüfung –, konnte nicht vollständig ausgelöscht sein. Man könnte hier von Kryptomnesie sprechen, indem man Freuds Bemerkungen zu dem Aufsatz von Börne über das freie Schreiben (ohne innere Zensur) aufgreift.[12]

Der Acheron, der Strom der Unterwelt, gehört zu den furchterregenden Orten, die Vergil nennt, als Aeneas zur Unterwelt hinabsteigt, um der Aufforderung seines Vaters Genüge zu leisten. Er wendet sich an die Sibylle, die ihn geleiten wird (*Aeneis* VI 106–109):

> Bitten will ich nur um eines.   Hier ist Plutos Königspforte
> Und der Pfuhl des finstren Stromes,   der aus Höllentiefen brandet:
> Laß mich hier zum Vater kommen,   seh'n ihm in die lieben Augen,
> Öffne die geweihte Pforte,   sei des Weges Weiserin!
>   (Übers. von Eduard Norden.)

> Unum oro: quando hic inferni ianua regis
> Dicitur et tenebrosa palus Acheronte refuso,
> Ire ad conspectum genitoris et ora
> Contingat; doceas iter et sacra ostia pandas.

Bekanntlich folgte die Reihe der vier »römischen Träume« Freuds bald auf den Tod seines Vaters. Sie waren ein Teil der Trauerarbeit. Der dritte Traum hat eine offensichtlich vergilianische Klangfarbe (die Freud nicht hervorhebt). »*Ich sehe aber zu meiner Enttäuschung eine keineswegs städtische Szenerie, einen kleinen Fluß mit dunklem Wasser, auf der einen Seite desselben schwarze Felsen, auf der anderen Wiesen mit großen weißen Blumen. Ich bemerke einen Herrn Zucker* (den ich oberflächlich kenne) *und beschließe, ihn um den Weg in die Stadt zu fragen.*«[13]

---

[10] 1985c, S. 311.

[11] 1901b, S. 288.

[12] 1920b, S. 253–255.

[13] 1900a, S. 205/S. 133, und 1985c, S. 308–310. Siehe Didier Anzieu, 1975, Bd. 1, S. 250–288 und S. 590f.; Marthe Robert, 1974. Der VI. Gesang Vergils entspricht der Nekyia in der *Odyssee*, und ich füge mit Vergnügen diesen Herrn Zucker zu den Personen des Kapitels im *Ulysses* von Joyce, das der homerischen Nekyia entspricht. Freud entschlüsselt seinen Traum: »Wenn ich das Landschaftsbild des Traums in seine Elemente zersetze,

Freud hat in seinem Traum präzise Erinnerungen wiedererkannt: die weißen Blumen wurden in den Sümpfen bei Ravenna gesehen (zeitweise die Hauptstadt im spätrömischen Reich), sie ähneln den Narzissen in Aussee, der Fels erinnert an das Tal der Tepl bei Karlsbad. Wer dächte daran, ihm zu widersprechen? Aber wenn man die Hypothese bildet, wie Freud es beständig tat, daß unter den bewußt gewordenen Erinnerungen eine frühere latente Szene verborgen liegt, ist es wohl erlaubt, sich vorzustellen, daß auf einer darunterliegenden psychokulturellen Ebene die Fähigkeit, sich vor dunklen Gewässern, weißen Blumen und Felsen zu verwundern, dank der »Wortvorstellungen« eines großen grundlegenden Gedichts erwachen konnte. Es ist dazu nicht nötig, diesen Bildern eine archetypische Würde zu verleihen, wie es eine Lektüre im Sinne C. G. Jungs getan hätte. Wie sollte man in der von Freud geträumten Landschaft nicht den finsteren Sumpf (*tenebrosa palus*) und in dem unerwarteten Herrn, den er nach dem Weg fragt, nicht eine Inkarnation der Sibylle wiedererkennen? Denn der Text Vergils enthält das ganze Repertoire der im Traum gesehenen Orte und Dinge. So verhält es sich auch mit dem Felsen: an einem Scheideweg der Reise durch die Unterwelt erscheint ein Felsen; »zur Linken am Fuße des Felsens« (*sub rupe sinistra*, V 548) zweigt der Weg zu den Gefilden der Seligen ab und zum Hain der Lethe, wo der Vater den Sohn erwartet.[14] Die Wiesen mit den großen weißen Blumen erscheinen, als Aeneas seinen Vater getroffen hat, den er vergebens zu umarmen versuchte, und er die Schar der Seelen ans Ufer der Lethe kommen sah, die in neue Körper wandern werden. Sie werden mit Bienen verglichen:

Gleichwie an sonn'gen Sommertagen Bienen
Sich auf die bunten Wiesenblumen setzen
Und um die silberweißen Lilien schwärmen.

[...] velut in pratis ubi apes aestate serena
Floribus insidunt variis et candida circum
Lilia funduntur [...] (Vers 707–709; übers. von Eduard Norden.)

Alles geschieht, als ob der Mythos Vergils nicht allein im Untergrund des Traums gegenwärtig wäre, sondern schon aktiv in Freuds Wahrnehmungen, als er Ravenna besuchte, als er in Aussee Narzissen zu pflücken versuchte oder durch das Tal der Tepl wanderte...

---

so deuten die weißen Blumen auf das mir bekannte *Ravenna*, das wenigstens eine Zeitlang als Italiens Hauptstadt Rom den Vorrang abgenommen hatte. In den Sümpfen um Ravenna haben wir die schönsten Seerosen mitten im schwarzen Wasser gefunden; der Traum läßt sie auf Wiesen wachsen wie die Narzissen in unserm *Aussee*, weil es damals so mühselig war, sie aus dem Wasser zu holen. Der dunkle Fels, so nahe am Wasser, erinnert lebhaft an das Tal der *Tepl* bei Karlsbad.« 1900a, S. 205f./S. 133.

[14] In den Briefen an Fließ ist gelegentlich von »Punsch mit Lethe« (1985c, z.B. S. 282) die Rede. Aber da ist Lethe nur der banal gewordene Ausdruck für das Vergessen.

An der Schwelle des Weges der Einweihung erhebt sich der Baum der Träume: »Inmitten dann des Vorhofs selber breitet / Weithin beschattend eine Riesenulme / Die Arme von der Jahre Last beschwert. / Dort, heißt es, haben tief im Blätterwerk / Die falschen Träume scharweis ihren Horst.« (Vers 282–284, übers. von Eduard Norden.) Auch das Ende der Reise findet unter dem Zeichen des Traumes statt. Aeneas verläßt die Unterwelt lebendigen Leibes vor Mitternacht durch das Tor von Elfenbein: »Aus ihr entsenden Geister falsche Träume« zum Himmel. Im Lauf seiner Reise durch die unterirdischen Orte – die griechische Sprache nennt diese Reise *katabasis* – hat er seine in der Schlacht und bei der Seefahrt verstorbenen Gefährten wiedergesehen und war dem untröstlichen Schatten Didos begegnet. Im Vorübergehen hat er den Schlund des Tartarus wahrgenommen, in den die großen Verbrecher zu ewiger Strafe eingeschlossen wurden – unter denen findet sich auch einer: »Der drang in der Tochter Gemach zum Genuß / Verbot'ner Verbindung« (Vers 623, übers. von E. Norden). Es ist nicht weit bis zur Bisexualität, die in der Gestalt der Kaenis erscheint: »Sie war zum Mann einst umgewandelt, jetzt / Durch Schicksalsspruch zurückgeformt zur Frau« (Vers 448–449). Die Bisexualität, die Fließ als seine Entdeckung beansprucht und für die er seine Priorität mit Zähnen und Klauen verteidigt, ist in dieser Geschichte der zu Kaeneus (Ceneus) gewordenen Kaenis gegenwärtig. Und vor allem hat Aeneas in der Rede seines Vaters die Verkündigung der Ruhmestaten gehört, die seine Nachkommenschaft erwarten. Anchises lehrt ihn die Ordnung der Welt, den Zyklus der Seelen...

Die anamnestische Dimension gewährleistet die Ähnlichkeit zwischen dem poetischen Mythos und der von Freud beim Tod seines Vaters unternommenen inneren Erkundung: der Abstieg des Gründungshelden in die Unterwelt läßt sich als Modell von Freuds Untersuchung seiner eigenen Träume lesen, die ihm dazu verhelfen wird, die Träume anderer zu deuten. In dem Gedicht vertieft die Begegnung mit den Schatten im sechsten Buch die von Aeneas schon in den Büchern II und III des Gedichts Dido erzählte *Vergangenheit*. In dem Gedicht verdoppelt sich die anamnestische Dimension um eine prophetische Dimension. Wenn Freud die Frage der Bedeutung des Traumes für die *Zukunft* beiseite gelassen hat, so ist sie doch seinem Geist nicht weniger gegenwärtig. Als wollte er sich dafür entschuldigen, kein Äquivalent für die Prophetien des Anchises geboten zu haben, und eine Schuld gegenüber Vergil (und gegenüber den Autoren von Werken der Traumdeutung wie Artemidor) abtragen, beginnt der letzte Paragraph von Freuds großem Buch mit dieser Frage: »Und der Wert des Traums für die Kenntnis der Zukunft?«[15] Die negative Antwort, die einzige, die ein Mann der Wissenschaft geben konnte, wurde sogleich nuanciert: was die

---

[15] 1900 a, S. 588/S. 571. Für die Ausgabe der *Traumdeutung* in den *Gesammelten Schriften* (Bde. 2 und 3) fügte Freud 1925 in Band 3 ein dreiteiliges Zusatzkapitel (1925 i) hinzu, in welchem der dritte Abschnitt ›Die okkulte Bedeutung des Traumes‹ heißt. Dieses Zusatzkapitel ist 1930 in der achten und zu Freuds Lebzeiten letzten Auflage des Werks wieder herausgenommen worden. Man findet diesen Text, ›Einige Nachträge zum Ganzen

Träume für unsere Zukunft ankündigen, ist die Beständigkeit unserer frühen Wünsche. Am Ende seines Lebens wird Freud sagen, daß im Wahn »ein Stück *historischer Wahrheit*« über die Vergangenheit heraufgeholt wird.[16]

*

Flectere si nequeo superos... Der Vers Vergils hatte seit langem sprichwörtliche Kraft. In der humanistischen Bildung war er ein »geflügeltes Wort«. Er stellte in den Gleichnissen der heidnischen Theologie wunderbar die Geste eines Willens dar, der sich vor keinem Hindernis beugt, und er verkörperte die Hartnäckigkeit einer Politik des Schlimmsten, die vor keinem Mittel zurückschreckt, um an ihre Ziele zu gelangen. Der Vers Vergils hatte manchen Text geschmückt, vor allem in der Zeit, als die humanistische Gelehrsamkeit, das heißt die Kenntnis der Alten, den Text oder die Ränder aller Bücher bis hin zu denen der Medizin schmückte. Ein Beispiel zumindest verdient es, zitiert zu werden, denn es setzt den Vers Vergils in Beziehung zum Liebeswunsch: Blaise de Vigenère, der Übersetzer und Kommentator (1578) von Philostrats *Bildergalerie* (*Eikones*), anläßlich der Darstellung der Liebesgötter (Buch I, 6), die zu Füßen der Statue der Venus spielen. Bei der Aufzählung der magischen oder natürlichen Mittel, durch die man Gegenliebe erlangen kann, erwähnt eine Seite des Kommentars den unerlaubten Rückgriff auf Mächte der Finsternis. Vigenère beginnt damit, die Allgewalt des Liebesverlangens zu behaupten und die vielfältigen Wege, auf denen es seine Befriedigung sucht. Der erste dieser Wege, der Bund mit den höllischen Dämonen, sollte untersagt bleiben, aber manche Liebenden lassen nicht davon ab.

»Ganz so, wie sich in der Natur niemals etwas gefunden hat, das die Herzen und den Willen der Menschen mehr beherrscht hätte als die Liebe, so hat auch jeder sich bemüht, die Mittel zu suchen, um in den Genuß des geliebten Wesens zu gelangen, wo der Gipfel aller Seligkeiten und Wünsche liegt: dergestalt, daß die einen auf die eine Weise, die anderen auf die andere dabei vorgegangen sind. Einige ließen sich hinreißen vom Dichterwort *Flectere si nequeo superos, Acheronta movebo,* und haben mit Sprüchen nicht allein den Himmel und die Erde aufgerührt, sondern auch die tiefsten Abgründe, haben Pakt und Bündnis mit den ältesten Gegnern des Menschengeschlechts geschlossen, ihnen ihre Seele zur Beute und in Bann gegeben, um einige Erleichterung für die Leidenschaft zu finden, die sie aufreizte.«[17]

In diesem Zusammenhang – es ist der des Inventars der Heilmittel für die Liebe – bezeichnet der Vers das Liebesverlangen, das bereit ist, mit den Dämonen zu paktieren.

---

der Traumdeutung‹, in *G.W.*, Bd. 1, S. 569–573. Ich danke Ilse Grubrich-Simitis für diese Präzisierung.

[16] 1937d, Abschnitt III, S. 403–406; Zitat auf S. 405. Dieser Gedanke wird wiederaufgenommen in *Der Mann Moses und die monotheistische Religion* (1939a).

[17] Philostrate, 1995 [1578], Bd. 1, S. 124.

Man kann nicht daran zweifeln, daß Freud den Vers Vergils in einem Buch von Ferdinand Lassalle gefunden hat[18]: er erklärt das selbst in einem Brief an Werner Achelis vom 30. Januar 1927. Freud erinnert sich, daß dieser Vers von Lassalle in einer eigenwilligen Bedeutung interpretiert wurde und daß dieser revolutionäre Autor sich auf eine keineswegs psychologische, sondern soziale »Schichtung« bezog. Schon 1896 (Brief vom 4. Dezember) hatte Freud an diesen Vers als Motto für ein Kapitel über »Symptombildung« gedacht in einem zunächst als eine »Psychologie der Hysterie« geplanten Werk. Man kann leicht zugestehen, daß Freud diesen so »sprechenden« Vers nur so gekannt hat, wie er zirkulierte, das heißt im Zustand isolierter Zitierung – als *Excerptum*. Daß er die ganze Stelle aus dem Buch VII, wo dieser Vers erscheint – in der Klasse oder »privat« lesen konnte, ist eine willkürliche Hypothese, die man aber aufzustellen das volle Recht hat, denn Vergil stand im Programm der Abiturprüfung. Auch wenn man sich täuschte, bliebe es trotzdem nützlich, den Kontext dieses Verses in dem lateinischen Gedicht aufmerksam anzusehen. Wer spricht in diesem Vers? Wer ist das grammatische Subjekt des Verbs *nequeo* (»ich kann nicht«)? Durch welche Situation wird dieser Ausruf hervorgerufen? Wie wird das angekündigte Futur zur Ausübung gebracht? Und wäre es auch nur zum Vergleichen, so ist es doch interessant zu wissen, welche Funktionen in der Erzählung Vergils die Worte erfüllen, in denen Freud den angemessenen Ausdruck für seinen Begriff der Verdrängung gefunden zu haben behauptet.

Die Erzählung von der Eroberung Latiums durch Aeneas und die Trojaner beginnt im siebten Buch der *Aeneis* und nimmt den ganzen letzten Teil des Heldengedichts ein. Juno, die Venus haßt, ist die grimmige Feindin des Sohnes ihrer Rivalin. Der Streit der Götter lastet so auf dem Geschick der Menschen. Im ersten Teil des Epos während der ganzen Seefahrt der trojanischen Schiffe hatte Juno gegen sie die zerstörerischen Gewalten erregt und die Hindernisse vervielfacht. Sie hat Aeolus und die wilden Winde entfesselt: das Unwetter hat nicht die Oberhand behalten. Sie hat die Liebe Didos begünstigt, die Aeneas in Karthago festhalten wollte: der Held reißt sich aus dieser Liebesfalle los, folgt dem Befehl Jupiters und segelt nach Westen – Hesperien. Die Trojaner sind jetzt auf das Bett des Tiber beschränkt. Da kündigt sich die Hochzeit des Aeneas mit Lavinia, der Tochter des Königs Latinus, an, und schon enthüllt das Schicksal, daß ihre Nachkommen ein Recht legitimen Besitzes haben werden. Ehe der Krieg beginnt, kündigen die Vorzeichen seinen Ausgang an. Und der Traum spielt dabei seine antike prophetische Rolle. Latinus begibt sich in den großen Wald, um das Orakel seines Vaters Faunus nach dem Ritual der Inkubation zu befragen, wonach man sich an einem geweihten Ort schlafen legt, um den Traum zu erwarten. Die Episode entspricht der Befragung des Anchises durch Aeneas am

---

[18] Lassalle, 1859. Bei der Abreise in die Ferien schreibt Freud am 17. Juli 1899 an Fließ, daß er den »Lassalle« mitnehme. Man hat vermuten können, daß es sich um *Politische Reden und Schriften*, 1899, handelte.

Grund der Unterwelt. »Hat dort der Priester die Gaben / Niedergelegt und bettet sich nachts auf den Fellen der Lämmer, / Die man zum Opfer schlug, und sucht und findet den Schlummer, / Dann umgaukeln den Geist viel seltene Wundergestalten, / Ringsum lispelt's und hallt, er darf dem Raunen der Götter / Lauschen und redet den Acheron an im Grund des Avernus.« (Vers 86–91; übers. von R. A. Schröder.) Die Stimme des Vaters, der die Heirat Lavinias mit einem Latiner verbietet, als ob es sich um einen Inzest handelte, verkündet eine ruhmreiche Exogamie: fremde Schwiegersöhne, die »unseren Namen bis zu den Sternen erhöhn«.

Der Leser der *Aeneis*, der sich an Jupiters Venus schon im ersten Buch des Epos gegebene Versicherung erinnert, kann nicht im ungewissen bleiben: das »Reich ohne Ende« gebührt Rom, und nach Jahrhunderten des Kampfes »werden die Tore des Krieges sich schließen«. Juno, die auch den Beschluß des Schicksals kennt, verhärtet sich jedoch in ihrem Haß. Sie läßt neue Gegnerschaften entstehen und somit die Geschichte sich hinziehen: der Krieger Turnus und sein Volk bekämpfen den Eindringling wütend. (Bekanntlich muß es in jeder Erzählung Proben und Gegner geben, damit die Hauptperson die Statur des Helden erlangt.) Sie wünscht, daß der unabwendbare Sieg von Aeneas und seinen Gefährten mit Strömen von Blut erkauft werde. Der von Freud zitierte Vers ist Teil einer großen rhetorischen Bewegung, worin ihr Wille zu schaden sich gerade deshalb verstärkt, weil das Fehlschlagen ihrer Pläne verkündet ist:

> Ast ego, magna Iovis coniunx, nil linquere inausum
> Quae potui infelix, quae memet in omnia verti,
> Vincor ab Aenea. Quod si mea numina non sunt
> Magna satis, dubitem haud equidem implorare quod usquam est:
> Flectere si nequeo superos, Acheronta movebo.
>
> Juppiters Gattin, ich! Unselige, was ich vermochte,
> Setzt ich aufs Spiel. Und nun, nachdem ich alles versucht hab,
> Hat mich Aeneas besiegt. – Da denn mein eigenes Gottsein
> Mir nicht half, was zaudr ich und ruf, wen immer, zu Hilfe?
> Weigern's die droben, so werd ich des Abgrunds Kräfte bewegen.[19]

Juno weiß, daß sie nur verzögernd wirken kann (*moras addere rebus*, Vers 315), aber das tut sie mit um so größerer Raserei. Sie ist über ihre schließliche Niederlage unterrichtet und sogar von Anfang an darüber, daß sie sich mit der Sache Roms aussöhnen wird, und trotzdem glaubt die Göttin nicht alle Mittel und alle Bündnisse erschöpft zu haben. Sie, die »alles versucht« hat, was sie vermochte, die sich »zu allen Dingen, gegen alle Dinge wendete« (*memet in omnia verti*), wird das Äußerste um Hilfe bitten (das unbestimmte Adverb *usquam*, irgendwo, läßt die Grenze zurückweichen). Dieser unbestimmte Ort wird zum Höllenstrom Acheron und nimmt dann die Gestalt der Furie an, die

---

[19] Vergil, *Aeneis* VII 308–312, deutsche Übersetzung von Rudolf Alexander Schröder.

der Dichter schließlich mit ihrem Eigennamen »die trauerbereitende Allecto« (*luctificam Allecto*, Vers 324) nennt. Als Juno ihr den Auftrag erteilt, spricht sie sie mit einer Umschreibung an und nennt sie »von der Nacht geborene Jungfrau« (*virgo sata Nocte*, Vers 331). Durch eine ganze Reihe von Übergängen gelangt man von der Benennung eines Ortes zu der schrecklichsten Gewalt an diesem Ort. Sie hat »tausend Namen« und kennt »tausend Künste des Schadens« (Vers 337–338). Acheron ist ein Name im Singular, der ein ganzes Reservoir von Kräften im Plural enthält.

Allecto ist die Säerin des Hasses, die selbst von ihren beiden Furienschwestern und ihrem Vater, dem Gott der Unterwelt, gehaßt wird. Sie ist ein Geschöpf, in dem sich so viel Gewalt ansammelt, daß sie dadurch selbst vielgestaltig wird. »So wandelt und wirrt sie die Mienen, / Wechselt die Schreckensgestalt, so strotzt von Nattern der Scheitel« (Vers 328–329). Mit ihren »gorgonischen Giften« (*gorgoneis venenis*, Vers 341) wird sie mit Medusa verbunden. Vergils Erzählung schildert die Ausbreitung des Wahnsinns, zunächst im Innern eines Körpers, dann in einem weiblichen Kollektiv. Eine der Schlangen, die Allecto aus »schwärzlich schimmerndem Haar« reißt, schlüpft an den Busen der Amata, der Gattin des Königs Latinus. Die Schlange dringt unter die Kleider und gleitet leicht über die Haut. Das Gift, das in die Adern der Königin fließt, ist zunächst »ein Feuer in der ganzen Brust, das sie noch nicht wahrnimmt« (*Necdum animus toto percepit pectore flammam*, Vers 356). Bald ergreift sie der Wahnsinn. Bald schweift sie verblendet durch die Stadt, erreicht die Felder und Wälder, reißt ihre Tochter Lavinia und andere Frauen mit sich in einen Taumel und ein Schreien, die den Charakter dionysischer Besessenheit haben. (Für Kliniker zur Zeit Freuds sind solche Erscheinungen kollektive Hysteriekrisen.) Die Frauen widersetzen sich rasend dem Plan der Heirat Lavinias mit Aeneas. Allecto vollendet ihr Werk in der Gestalt einer Priesterin, die dem Turnus im Traum erscheint. Sie verkündet ihm, daß die Trojaner ihm Lavinia rauben werden, die ihm von Latinus und Amata als Gattin versprochen war. Um den Unglauben des Träumers zu überwinden, »stößt sie ihm rauchende Fackeln unter das Herz« und zeigt sich ihm, die Geißel in der Hand, in ihrer ganzen Schrecklichkeit. Turnus erwacht entsetzt und schweißüberströmt und holt seine Waffen ... Nachdem Allecto ihre unheilstiftende Runde beendet hat, kehrt sie zu ihrem Ursprung zurück: sie stürzt sich in die Unterwelt durch einen klaffenden Spalt, wo »des Acherons schrecklicher Abgrund / Pest und Verderben haucht« (Vers 569–570). Ich erwähne diesen Verlauf nur, um an den intensiv *pathologischen* (und so vom Dichter beabsichtigten) Charakter der Episode zu erinnern, worin der von Freud zitierte Vers Vergils erscheint. Auch wenn Freud diesen Vers transponiert hat, kann man keineswegs behaupten, daß er in seiner Intention seinem ursprünglichen Sinn entfremdet wurde.

Es ist wichtig, auch den sukzessiven Charakter der Kräfte hervorzuheben, die auf Junos Betreiben wirken. Wesen und Substanzen treten nacheinander wechselnd auf, um letztlich den Krieg hervorzurufen: Allecto, die Schlange, das Gift, die Adern Amatas, ihre Reden und die Frauen, die sich ihr im Bacchanal anschließen; die alte Priesterin, die zu Turnus im Traum spricht, die Fackeln und die Geißel, die sie schwingt, und die Waffen, zu denen der Krieger greift. Im ersten Buch hatte Juno, um Aeneas zu schaden, mit Hilfe von Aeolus und von Neptun auf die Kräfte der Luft und des Wassers zurückgegriffen, auf den Orkan und auf das Unwetter. Im siebenten Buch wendet sie sich an zwei andere Elemente, an die Kräfte der tiefen Erde und des Feuers. Eine einzige Feindschaft, die der Juno, wird in eine Kette sekundärer Ursachen auseinandergelegt, die sie darstellen und instrumentieren. Eine zielgerichtete Energie breitet sich aus, wird weitergeleitet und übersetzt. Man sieht, wie sich auf diese Weise eine Erzählkette bildet, deren Ergebnis es ist, die Gegner und die retardierenden Ursachen für Aeneas und seine Gefährten zu vervielfachen. Der Held, der so viele Proben bestanden hat, wird dadurch nur um so ruhmvoller. Er und die Seinen werden hoch genug dafür bezahlt haben, um schließlich in der Folge der Zeiten das ihren Nachkommen zugestandene Reich zu verdienen. Freud würde uns ermutigen, in ihm (wie er es 1908 in ›Der Dichter und das Phantasieren‹ getan hat) eine Gestalt des Ich zu sehen. Wer sieht nicht, daß Juno und das von ihr heraufbeschworene Unheil Lieferanten für die Erzählung selbst sind? Ohne sie gäbe es kein Heldengedicht, und der Dichter könnte nicht sagen, wie er es zu Beginn tut, »*Arma virumque cano*« (»Waffen sing ich und Mann«): er hätte weder die Waffen noch den Mann zu besingen.

*

In seinem Brief an Werner Achelis lenkt Freud die Aufmerksamkeit, wie wir gesehen haben, darauf, daß Lassalle dem Vers Vergils eine soziale Bedeutung gegeben hatte, während er selbst ihn im Bereich der Psychologie anwende.[20] Und Freud gebraucht den Begriff »Schichtung«, der das Bild einer vertikal angeordneten Hierarchie zwischen einem Oben und einem Unten impliziert. Der Vers Vergils begründet also das kosmo-theologische Modell einer Struktur, die analog sowohl auf die Gesellschaft als auch auf das menschliche Seelenleben angewendet werden kann. Wir haben es mit einem räumlichen Schema zu tun, worin der Raum sich mythisch zwischen den Gottheiten der Höhe und den Mächten der unterirdischen Tiefe ausbreitet. Juno mag noch so sehr der Familie der oberen Gottheiten angehören, sie wird durch den Willen Jupiters beherrscht, während sie ihrerseits Macht zur Beherrschung der Gewalten der Tiefe besitzt. Sie herrscht im Zwischenbereich. Das Nebeneinanderstellen – das Aufeinanderprallen – der beiden Wörter »*superos*« und »*Acheronta*« in der Mitte des

---

[20] Es gibt also keinerlei Grund, der Interpretation Freuds zu widersprechen und dem Vergil-Motto die Bedeutung einer Herausforderung an das Wiener »Establishment«, den positivistischen Rationalismus usw. zu geben. Das Wort der Juno, der göttlichen Gegnerin des Helden, entspricht vollkommen der Verdrängung, die ein Prozeß intrapsychischer Opposition ist.

Vergilverses verdeutlicht das Steilgefälle zwischen den beiden bezeichneten Orten eindrucksvoll. Diese Wörter, die sich berühren, deuten auf entgegengesetzte Extreme. Entsprechend kraß ist der Kontrast zwischen dem Wort »*nequeo*« (ich kann nicht), das die Ohnmacht in der hypothetischen Aussage des Anfangs ausdrückt, und dem Wort »*movebo*« (ich werde bewegen), das eine Handlung ankündigt, die die ganze Unterwelt aufrührt. Das Wort drückt die Verwandlung der Ohnmacht in Macht aus.[21] In einer anderen Epigraph-Entscheidung erscheint die gleiche kosmo-theologische »Schichtung« in einer Entlehnung des letzten Verses vom ›Vorspiel auf dem Theater‹ aus Goethes *Faust*: »Vom Himmel durch die Welt zur Hölle.« Diese Worte wurden in die *Drei Abhandlungen zur Sexualtheorie* aufgenommen, wo sie einen Satz über die Sexualität illustrieren, der auf die Erwähnung des Oben und Unten zurückgreift: »Das Höchste und das Niedrigste hängen in der Sexualität überall am innigsten aneinander.«[22]

*

Da Freud den Vers Vergils nicht nur auf der Titelseite, sondern in seinem Text selbst gebraucht hat, kann man erkennen, welchem Aspekt seines Denkens er ihn allegorisch entsprechen läßt. Sehen wir uns dafür die Zeilen an, die der Zitierung unmittelbar vorausgehen: »Das seelisch Unterdrückte, welches im Wachleben durch *die gegensätzliche Erledigung der Widersprüche* am Ausdruck gehindert und von der inneren Wahrnehmung abgeschnitten wurde, findet im Nachtleben und unter der Herrschaft der Kompromißbildungen Mittel und Wege, sich dem Bewußtsein aufzudrängen.«[23]

Freuds langer Satz hat als Subjekt ein Neutrum, das die dritte Person regiert: »Das seelisch Unterdrückte«, welches Mittel findet, sich dem Organ der Sinne aufzudrängen, welches das Bewußtsein ist. Und dennoch wird uns die Erklärung in der ersten Person des Singular – *Acheronta movebo* – als seine vollständige und ruhmreiche Illustration, beinahe als seine Verdeutlichung, dargeboten. Was in Vergils Vers persönlich war, nimmt bei Freud eine unpersönliche Gestalt an. Juno hat ihren Platz für »das Unterdrückte« geräumt, das auch »der Traumgedanke« ist. Alles spielt sich so ab, als ließe der Übergang vom mythischen zum psychischen Bereich die natürlichen Prozesse anstatt der übernatürlichen handelnden Personen eingreifen. Man hat das Gefühl, als ob die Bitten und die Wünsche nun die Stelle der Götter und der Furie Allecto eingenommen hätten. Wenn der kosmische Raum zum psychischen Raum geworden ist, so entsprechen sich die entgegengesetzten Begriffe nicht mehr genau, aber Antithesen

---

[21] Man wird auch eine syntaktische Vertauschung bemerken: (a) Verb (b) Ergänzung – (b) Ergänzung (a) Verb.

[22] 1905d, S. 71. Siehe 1985c, S. 232, Anm. 9.

[23] 1900a, S. 576f./S. 362.

bleiben bestehen: es sind »Wachleben« und »Nachtleben«, »unterdrücken« und »aufdrängen«. Diese natürlichen Prozesse sind nichtsdestoweniger immer Persönlichkeiten – Phantome von Persönlichkeiten: sie würden sich gern ausdrükken, sie unterstehen einer Herrschaft, sie suchen und finden Mittel und Wege, sie werden wahrgenommen und gehört. Trotz der halbabstrakten Terminologie scheint es uns, als ob sich eine Handlung abspielt und uns eine *Geschichte* erzählt wird.

»Das Unterdrückte« scheint zunächst den passiven Status eines objektivierbaren Dinges zu haben, aber es nimmt Leben an, wenn es einen Weg findet und das *Aufdrängen* ausübt, das Junos *movebo* entspricht. Der Vergleichungsbegriff der Metapher hätte schlicht hydraulisch sein können, als ob es sich um eine flüssige, von einem Kolben zurückgedrängte Masse handelte oder um eine Aufwallung, die sich entlädt. Das ist an anderen Stellen der *Traumdeutung* der Fall. Aber hier findet eine Belebung und »Beseelung« statt. Man sieht es deutlich, wenn uns gesagt wird, »das Unterdrückte« werde am »Ausdruck« im Wachleben gehindert: ein schlichtes Ding, eine Masse in Bewegung *drücken sich nicht aus*. Das gleiche zeitlich-räumliche Szenarium erscheint bei Gelegenheit der Wiederkehr des Verdrängten in manch einer Wendung. So aus Anlaß der Behandlung eines vierzehnjährigen Knaben, der unter einem »tic convulsif« leidet: »Hier sind es lang verdrängte Erinnerungen und deren unbewußt gebliebene Abkömmlinge, die auf dem ihnen eröffneten Umwege sich als *scheinbar sinnlose* Bilder ins Bewußtsein schleichen.«[24] Die »Abkömmlinge« der Erinnerungen, die sich ins Bewußtsein *schleichen*! Das ist genau die Bewegung der Schlange, die aus dem Haar Allectos gelöst wird und sich ins Haar und um die Glieder Amatas knüpft: »Ille inter vestes et levia pectora lapsus, / Volvitur attactu nullo fallitque furentem« (»Der aber, zwischen das Kleid und die schimmernden Brüste geglitten, / Ringelnd, berührt er sie nicht, haucht unvermerkt der Ergrimmten...« [VII 349–350; übers. von R. A. Schröder]).

Die Reihe der Bewegungen, in denen sich Vergils *movebo* verwirklicht, findet ganz entschieden seine Äquivalente in den Vorstellungen und Ausdrücken Freuds. Er wußte genau, daß die Träume seit der Antike als sich bewegende Bilder beschrieben wurden. So zitiert er im ersten Kapitel der *Traumdeutung* die Stelle aus Ciceros *De divinatione* (II), wo das Verb *movere* im *Passiv* erscheint; und seine Vertrautheit mit dem Lateinischen läßt ihn auf eine Übersetzung verzichten, die zu geben wir heute für nötig erachten: »*Maximeque reliquiae earum rerum moventur in animis et agitantur, de quibus vigilantes aut cogitavimus aut egimus*« (»besonders aber wälzen und tummeln sich in den Seelen die Reste derjenigen Gegenstände umher, die wir wachend gedacht und getrieben haben« [II 67, 140]). Ciceros *reliquiae* sind bei Freud die »Tagesreste« geworden.[25] Bei Vergil bedeutet bewegen auch abspulen, entfalten. Im ersten Buch der *Aeneis*

---

[24] 1900a, S. 586/S. 370.
[25] AaO, S. 36f./S. 5f.; Cicero, 1828, *De divinatione*, II 67, 140.

verkündet Jupiter, als er Venus die Zukunft enthüllt: »*volvens fatorum arcana movebo*« (»ich entfalte dir heut der Verhängnisse tiefstes Geheimnis«, Vers 262). Freuds Wortschatz greift das Bild der Bewegung auf, wenn er die »Wunschregungen« erwähnt, und er nimmt die Idee des Schicksals (*fatorum arcana*) auf, wenn er von »Triebschicksalen« spricht.

Wenn wir Vergils Vers und Freuds Prosa vergleichen, können wir gewiß der Ansicht sein, daß eine Entmythologisierung stattgefunden hat und daß der lateinische Vers nur der archaische Ausdruck für eine Einsicht ist, die auf Freud gewartet hat, um ihre strikt psychologische Dimension und ihre wissenschaftliche Form anzunehmen. Aber wenn wir Freuds Text mit den meisten wissenschaftlichen Texten seiner Zeit vergleichen, so kann der entgegengesetzte Eindruck dabei entstehen: Freud hat eine Remythologisierung der medizinischen und psychologischen Sprache seiner Zeitgenossen betrieben, und wir geraten in Versuchung, ihn mit seinem Motto ganz wörtlich zu nehmen. Wir sind derart daran gewöhnt, die Freudschen Begriffe zu gebrauchen, um die Mythen zu interpretieren, daß wir vergessen, das Problem umzukehren und uns zu fragen, ob die Mythen nicht dazu beigetragen haben, Freuds Begriffe zu bilden. Ist der Chiffrierschlüssel zur Lektüre, den uns die Psychoanalyse für die Mythen anbietet, nicht selbst in der Gußform der Mythologie entstanden?

Der Leser, der Ende des Jahres 1899 Freuds Buch aufschlug, empfand vielleicht, wenn er die Titelseite mit ihrer Typographie ansah, ein seltsames Gefühl des Déjà-vu. Das Buch mit seinen lateinischen Zitaten, seinen Auszügen aus Dichtern, den Gesprächen mit den (ihrerseits gebildeten und zitierenden) Patienten ähnelte den Schriften, die Ärzte zu Beginn des 19. Jahrhunderts veröffentlichten. Ich denke dabei an manche Seiten von Pinel, von Hufeland, von Brierre de Boismont usw.: diese Ärzte kannten ihre antiken Autoren und schmückten damit ihre Texte; sie begnügten sich nicht damit, die Geschichten ihrer Patienten zusammenzufassen, sondern griffen Geschichten auf, die im Lauf der Jahrhunderte von einem Schriftsteller zum anderen gegangen waren. Eine ältere Literatur der *Observationes* war für sie noch in Reichweite. Diese Schriften mischten häufig die klinischen Darstellungen verschiedener Krankheitsfälle, die beispielhaften Erzählungen, die kurzen Anekdoten und die obligatorisch gewordenen Aussprüche.

Im Verhältnis zu diesem Buchtypus sind die *Studien über Hysterie* von 1895 von einer beispielhaften Strenge. Die theoretischen Texte (die ›Vorläufige Mitteilung‹ und das Kapitel ›Zur Psychotherapie der Hysterie‹) enthalten keinerlei literarische Anspielungen und keine Erläuterung durch ein Zitat; die bewundernswert dargestellte Fallgeschichte verknüpft die Anfangssymptome mit dem Verlauf bei ärztlicher Behandlung; die ›Epikrise‹ rekapituliert die gewonnene Erfahrung und gibt ein abschließendes Urteil. Diese Disziplin bei der Ausführung in den *Studien* rührt großenteils von der Tatsache her, daß die zugrundeliegende Theorie relativ einfach ist. Es bedarf nur weniger Seiten, um sie darzustellen. Noch ist sie nur eine Variante des neurologischen Schemas von Aktion und

Reaktion, von Stimulus und Antwort. Gewiß beschränkt sich dieses Schema nicht auf die zwei Takte von Erregung und Reflexbewegung, es läßt hypothetisch Zwischenstadien auftreten, die Blockaden oder Ladehemmungen sind. Es ist jedoch nicht schwer, seiner Spur zu folgen zwischen dem seelischen Trauma, dem (von Breuer postulierten) hypnoiden Zustand, dem gehemmten und in das Symptom konvertierten Gefühlsausdruck und der kathartischen Befreiung durch das Abreagieren der Gefühlserregung.

In der *Traumdeutung* sieht Freud den Weg, der zur Bildung des Symptoms (oder des Traums) führt, sich beträchtlich verlängern; die Theorie selbst wird erzählend, noch bevor sie sich in den Traumerzählungen und Deutungen oder in den Geschichten ausführlich darstellt. Die deutende Haltung des Arztes entspricht nun gänzlich einer »Psychologie«, klar unterschieden von jeglicher »Neurologie«. Schlüsselbegriffe der Psychoanalyse, die schon in der *Theorie* der kathartischen Methode enthalten und dann in der analytischen *Praxis* erprobt worden sind, werden jetzt im Sinne einer Zeiterweiterung wirksam, und zwar sowohl in der pathogenetischen als auch in der therapeutischen Dimension. In diesem erweiterten Zeitrahmen konnten nun die frühen Sexualerlebnisse ebenso wie das Gesamtbild der Sexualentwicklung mit ihren verschiedenen Stadien Platz finden. In der Arzt-Patient-Beziehung entsprach dies dem Verzicht auf die quasi noch neurologischen Hilfsmittel zur Beschleunigung der »Entlastung« (Hypnose, Handauflegen auf die Stirn). So gewannen das Sprechen, das Hören und insbesondere das Deuten die Oberhand; und nun erst konnte die tatsächlich nötige Zeit zur Wiedereroberung des verschollenen Gedächtnisses berücksichtigt werden.

Das geschichtliche Modell erstreckt sich über einen sehr viel weiteren Raum. Um seinen Begriff des Unbewußten zu bilden, brauchte Freud den Rückgang zur Kindheit. Eines konnte ohne das andere nicht gehen. Ohne das Prinzip des Reflexes aufzugeben (das die gesamte Wissenschaft seiner Zeit angenommen hatte), führte Freud Wesenheiten ein – Triebe, Affekte, Wünsche –, bei denen die zwei Takte von Stimulus und Reaktion nicht mehr ausreichen, um Rechenschaft von ihnen abzulegen. Es wäre sehr wünschenswert, anhand der Dokumentation, über die wir verfügen, zu verfolgen, wie Freud das Schema Stimulus/Reaktion (das noch im ›Entwurf einer Psychologie‹ vorherrscht) modifiziert, indem er die »Nachträglichkeit«, die »Übertragungen«, die »Besetzungen«, die »Neubildungen«, die »Ersatzbildungen«, die »Verdrängungen« und die »Abwehr« in Betracht zieht, all die verschiedenen Verfahren des Traums, die den Namen »Arbeit« erhalten und die wie jede Arbeit Transformierungen sind usw. Das sind gewiß Begriffe, aber sie tragen alle die Kennzeichen von Bewegung, als seien sie Sprößlinge des dichterischen *movebo*.

Freuds Wortwahl bei der Bezeichnung von Erscheinungen, von denen er eine Intuition hatte, ist von allergrößter Bedeutung. Ich würde so weit gehen zu sagen, daß sein Genie sich in der Weise, wie er die psychischen Phänomene *benannt* hat, mindestens ebensosehr bezeugt wie in dem Scharfblick, mit dem er sie aufgedeckt hat. Er hat sie auf diese Weise in eine Erzählung verkettet, die sich in den Interpretationsschlüssel umgekehrt hat. Ein Teil der Begriffe, die er verwendet hat, stammten aus der Umgangssprache und konnten, mit einer neuen Bedeutung versehen, der Umgangssprache zurückgegeben werden. Andere stammten von Philosophen oder von Schülern (das ist der Fall für das »Es«, das über Groddeck von Nietzsche stammt). Andere wurden als technische Begriffe geprägt und konnten ihrerseits die Alltagssprache bereichern. Aber der wissenschaftliche Habitus dieser Begriffe war imstande, ein Vokabular der Spezialisten zu bilden und spezialisierte Neuprägungen hervorzurufen. Wäre die weite Zustimmung, die Freud erfahren hat, dieser höheren literarischen Qualität geschuldet, die eine äußerste Überzeugungskraft besitzt, die sich bei ihm in den erdachten Begriffen mit den Vorstellungen von Bewegung verbindet? Wie Jaspers zu sagen, daß die Psychoanalyse zu einer »Popularpsychologie« geworden sei, bedeutet, die durchdringende Macht seines Wortschatzes anzuerkennen, die dem der größten Schriftsteller vergleichbar ist.

Selbst wenn das Hin und Zurück des Reflexes für Freud eine Art Basiseinheit der seelischen Bewegung bleibt und selbst wenn der Gegensatz Unlust/Lust ein einfacher Mechanismus ist, theoretisiert Freud in lebhaften Metaphern die unvermeidlichen »Umwege«, die verschiedenen »Wendungen« (Konversion, Perversion, Regression) und bald die Stadien und Fixierungen der Wunschregung. Die in der *Traumdeutung* entwickelte psychologische Theorie zeichnet vorbestimmte Wege, Anhaltspunkte und Sackgassen (eine ganze moderne »carte du Tendre«, Landkarte des Gefühls), welche die variablen Geschichten der unähnlichsten Patienten aufgrund von in ihrer Kindheit erlebten Ereignissen durchlaufen oder worin sie sich auch *ad libitum* verirren können. Freud gesteht gewiß einen einfachen »primären« Mechanismus zu, der nach Befriedigung strebt und das Anwachsen der Erregung vermeidet: er ließe sich zur Not berechnen. Dieser Mechanismus überlebt im menschlichen Individuum, aber Freud fügt ihm eine Geschichte hinzu, die sich aus der Intervention eines »sekundären Systems« ergibt, das allein fähig ist, sich von einem unmittelbaren Ziel abzuwenden und Hemmungen zu entwickeln: diese Geschichte läßt sich nicht berechnen, man kann sie nur erzählen. So ist das, was Freud in der Theorie wie in der Praxis von seinen Vorgängern unterscheidet, die Verwandlung der Ereignisse, durch die hindurch sich das Verständnis eines »Falls« und das »Sammeln von Sinn«[26] vollziehen soll, in Erzählungen. Wir behaupten, daß die psychologische Theorie, so wie sie sich unter den Augen des Lesers der *Traumdeutung* von kommentierten Erzählungen aus konstruiert, beharrlich die *Erwartung einer narrativen Konstruktion* rechtfertigt, die sich in der analytischen Praxis im Geist des Therapeuten und in dem des Patienten bilden soll, ausgehend von im Laufe der Sitzungen verstreut gewonnenen Elementen (die man das »Material« nennen wird), die dann in Beziehung gesetzt werden, um einen Sinn zu ergeben und verständlich zu werden.

---

[26] Paul Ricœur, 1965.

Habe ich zu sehr auf der Seite des Mythos (der Erzählung) bei Freud insistiert? Er hat sie keineswegs verborgen. »Die Trieblehre ist sozusagen unsere Mythologie.«[27] Freud hat nicht nur, wie wir gesehen haben, eine ältere Medizin wieder in ihre Rechte eingesetzt, die erzählen konnte und Weisheit besaß, sondern selbst als er auf seine Entdeckungen sehr stolz war, erklärte er, als Vorläufer nur die Dichter und die Menschenkenner gehabt zu haben. Übrigens sah er sehr deutlich, was die gewöhnlich von seinen Zeitgenossen übernommenen neurologischen Theorien an Mythischem enthielten. Seine frühe Studie *Zur Auffassung der Aphasien*[28] macht sein Mißtrauen gegenüber der Mythologie der zerebralen Lokalisierungen und Spezialisierungen deutlich, die sein Lehrer Meynert, dann Wernicke und Lichtheim verteidigten.

Diese Kritik wird in einem auf französisch für die *Archives de Neurologie* geschriebenen Artikel über organische und hysterische motorische Lähmungen (1893) weiterverfolgt. In der *Traumdeutung* weist das Verwerfen der Leibreiztheorie, die im Traum das unmittelbare Produkt der organischen Empfindungen des Träumenden sieht, in die gleiche Richtung. An den koenästhetischen Ursprung des Traums zu glauben heißt, sich auf Prozesse von kurzem Aktionsradius zu berufen. Und wenn man sich ohne wirklich solide Beweise auf Theorien des gleichen Typus zur Erklärung der hysterischen Phänomene berief, verurteilte man sich dazu, nur fokalisierte, improvisierte und wiederholte therapeutische Interventionen in der Art von Güssen, Bädern und elektrischen Anwendungen zu kennen, die den Teufelskreis des Reflexbogens brechen sollten: ihre Wirkungslosigkeit war von Freud ausreichend festgestellt worden. Er hatte darum nicht weniger für sich selbst wie für seine Patienten auf diesen Typus von Therapie zurückgegriffen, solange die durch die Persönlichkeit von Fließ ausgeübte Verführung andauerte. Die Kokainverschreibungen, die nasalen Kauterisationen und die katastrophale Operation von Emma Eckstein rührten von dieser Auffassung einer fokalisierten Pathologie her, die glaubte, die Ursache einer Dysfunktion oder eines an anderen Punkten situierten Übels an einem Punkt des Leibes und durch einen einzelnen Akt, den man nötigenfalls wiederholt, zu erreichen. (Diese Einstellung erhält sich bis heute ihre Anziehungskraft, wenn sie sich auf sogenannte natürliche oder traditionelle Arten der Medizin beruft.) Zweifellos brauchte Freud Zeit, um sich – nach seiner Selbstanalyse – alles dessen bewußt zu werden, was sein psychologisches Denken von der spekulativen Biologie seines Freundes trennte: der ging mit seinen »nervösen nasogenen Reflexen« nicht über den Rahmen einer Spekulation über eine Beziehung kurzer Kausalität – von Aktion und Reaktion – zwischen einem auslösenden Organ (den

---

[27] 1933*a*, S. 529.
[28] 1891*b*. Freud optiert in seiner Schlußfolgerung entschieden für eine funktionale Perspektive: »Es scheint uns nun, daß hierbei die Bedeutung des Momentes der Lokalisation für die Aphasie überschätzt worden ist und daß wir recht daran tun werden, uns wiederum um die Funktionsbedingungen des Sprachapparates zu bekümmern.« S. 107 (Taschenbuchausgabe, S. 149).

Schwellkörpern der Nase) und den Zielorganen (unter anderen der Gebärmutter) hinaus. Die Kühnheiten der Physiologie von Fließ, ob es sich um die Bisexualität oder die Periodizität handelt, behielten einen statischen Charakter: er wollte sie anerkannt wissen als Gesetze – ein Begriff, den Freud nur mit großer Vorsicht gebrauchte. Lediglich Fließ' Geschmack für die Extrapolationen – außer dem, was ihn im Bewußtsein oder im Unbewußten Freuds zu einem Euryalus machen konnte – bestimmte ihn zum wohlwollenden Adressaten von dem, was Freud einmal seine »Erzählungen«[29] und ein anderes Mal sein »Weihnachtsmärchen«[30] genannt hat. Bekanntlich hat Freud im Jahre 1896 die Äußerung von Krafft-Ebing kaum geschätzt, welche die Ideen, die er gerade vor dem Verein für Psychiatrie und Neurologie vorgetragen hatte, als »wissenschaftliches Märchen«[31] qualifizierte. Aber Freud behauptet in seinem Protest stolz, ein *caput Nili* (eine Quelle des Nils) entdeckt zu haben, und verherrlicht seine Ideen auf lateinisch, wobei er das psychologische Geheimnis in eine geographische Metapher übersetzt (und dabei beiläufig das Märchen durch den möglichen Reisebericht ersetzt).

Hier die Verräumlichung und die Rolle der Erzählung hervorzuheben hat nur unter der Bedingung Sinn, daß man Freuds Absicht betont, sich nicht darauf zu beschränken. Er selbst insistiert auf der Tatsache, daß die »Schichtung« des seelischen Raums nur eine Redeweise ist und daß man ebensogut versuchen könnte, die Erscheinungen mit Begriffen der Mengen und der Kräfte darzustellen. Gleich nach dem Zitat von Vergils *Flectere si nequeo superos* erklärt er, die Krankheit, »wenigstens die mit Recht funktionell genannte«, »ist *dynamisch* aufzuklären«, und er präzisiert das auf der folgenden Seite im letzten Abschnitt des Schlußkapitels: »Wenn wir sagen, ein vorbewußter Gedanke wird verdrängt und dann vom Unbewußten aufgenommen, so könnten uns diese dem Vorstellungskreis des Kampfes um ein Terrain entlehnten Bilder zur Annahme verlocken, daß wirklich in der einen psychischen Lokalität eine Anordnung aufgelöst und durch eine neue in der anderen Lokalität ersetzt wird. Für diese Gleichnisse setzen wir ein, was dem realen Sachverhalt besser zu entsprechen scheint, daß eine Energiebesetzung auf eine bestimmte Anordnung verlegt oder von ihr zurückgezogen wird, so daß das psychische Gebilde unter die Herrschaft einer Instanz gerät oder ihr entzogen ist. Wir ersetzen hier wiederum eine topische Vorstellungsweise durch eine dynamische; nicht das psychische Gebilde erscheint uns als das Bewegliche, sondern dessen Innervation.«[32]

Da die Innervation meßbar ist, ist die dynamische Vorstellungsweise als gleichsam quantifizierbar gegeben. Sie legt die Vorstellung von Kräften nahe, die gegeneinanderstehen oder sich bündeln; sie geht, wie es die Physiker tun, bis hin

---

[29] 1985c, S. 280.
[30] AaO, S. 169 [Manuskript K].
[31] AaO, S. 193.
[32] 1900a, S. 578/S. 363.

zu der Unterscheidung freier Energie und gebundener Energie. Sie bezieht sich mithin auf die Thermodynamik. (Was als der Berechnung fähig erwähnt wird, ist es jedoch niemals: es ist die imaginäre Wahrnehmung einer physikalischen Menge, die sich einstellt.) Der dynamische Gesichtspunkt, zu dem sich der ökonomische Gesichtspunkt hinzugesellt, sie verdoppeln nun die Erzählung. Sie ändern die Erzählung ab, vervollständigen sie und übertragen sie mit anderen Gestalten auf einen neuen Schauplatz. Freud kann nicht auf diese Art mechanischer Figuration verzichten, in der die quantitativen Ströme so eingesetzt sind, daß sie einen Determinismus *erklärbar* machen. Man bemerkt in der soeben zitierten Stelle, daß Freud darauf beharrt, von einem »Beweglichen« zu sprechen, und daß er nicht auf einen strukturierten Raum (»Anordnung«) verzichten kann. Dieses Mal ist es die Innervation – der physiologische Reiz –, die »das Bewegliche« ist und nicht mehr das »Gebilde«, das heißt die vorgestellte Schichtenstruktur im Raum der seelischen Vorgänge. Die Bewegung (*movebo*) bleibt ein gemeinsamer Nenner. So bildet sich eine gemischte, zweiwertige Sprache, der Jaspers vorwerfen wird, auf den beiden Ebenen, der des Verstehens und der der kausalen Erklärung, gewinnen zu wollen und als wissenschaftlich begründete »Kausalität« auszugeben, was nur – und das ist viel – Verstehen des Lebenszusammenhangs sein wollen dürfte.[33]

Die äußerste Handlichkeit dieser Sprache macht sie nicht genügend eindeutig, um Streitigkeiten über den Wortgebrauch zu vermeiden. Ich meinerseits kann nicht umhin, das narrative Element, das sich in dem Vergil-Motto ankündigt, zu bevorzugen, und ich betrachte zugleich die dynamischen und die ökonomischen Perspektiven als praktische Hilfsmittel, als vorläufige Ergänzungen und als technische Stützen, die dazu bestimmt sind, den Code der Entschlüsselung zu bereichern. Auf diese Weise werden die Sprache und die Formeln, in welche dieser Code der Deutung die erlebten Tatsachen übersetzt, nicht lediglich nuancierter, sondern wissenschaftlich wahrscheinlicher. Dadurch vermag dieser Dechiffrierschlüssel der Lektüre seine eigene Legitimität besser zu begründen, die sich im Kontext einer technischen Zivilisation nicht von selbst versteht. Gewiß wird die Neuropsychiatrie unserer Zeit in dem quantitativen Bereich, den Freud als den der »Dynamik« und der »Ökonomie« definierte, besser verifizierbare Modelle finden. Aber man wird schwerlich besser als er einen Code der Lektüre begründen, der es erlaubt, in der Gegenwart einer beständig neubewerteten Beziehung die Verantwortung für das Ganze zu übernehmen, das sich im Lauf eines Lebens (manchmal so schlecht) gebildet hat, und dessen wahrscheinliche Entstehung auf eine solche Weise zu berühren und zu retuschieren, daß das Subjekt dieser Geschichte selbst eine zufriedenstellende Zukunft erarbeiten kann. Während Freud ein ganzes Werk entwickelt hat, das sich von der Theorie der Suggestion entfernt (die er gut kannte, da er zwei Werke von Hippolyte Bernheim übersetzt und eines davon mit einem Vorwort versehen

---

[33] Karl Jaspers, 1948 [1913], S. 451.

hat), hat er schließlich den Teil an Überredung zugelassen, der mit seiner eigenen analytischen Praxis verknüpft bleibt. Es gibt, räumt er ein, eine »Wahrheit der Konstruktion, die therapeutisch dasselbe leistet wie eine wiedergewonnene Erinnerung«.[34]

*

»Meine Romsehnsucht ist übrigens tief neurotisch«, schreibt Freud am 3. Dezember 1897 an Fließ, als er ihm einen seiner römischen Träume berichtet. Freud hatte das Motto aus Vergil seit langem im Kopf; er hat es Fließ ein Jahr zuvor am 4. Dezember 1896 mitgeteilt. Hatte er Vergils *movebo* im Sinn, als er in seinem Brief mit dem römischen Traum schreibt: »Ich muß warten, bis es sich in mir rührt und ich davon erfahre«? Die Bewegung erzeugt sich und ruft die Gymnasialschwärmerei für Hannibal in die Erinnerung.[35] Dann geht die Erinnerung über den Namen Breslau, wo die beiden Freunde, anstatt in Rom, sich zu treffen planen, auf den im Alter von drei Jahren empfundenen Schrecken zurück, als er auf dem Bahnhof dieser Stadt während der Übersiedlung der Familie zum erstenmal die Gasbeleuchtung sieht: »die Gasflammen [...] haben mich an brennende Geister in der Hölle gemahnt«.[36] Immer der Acheron! Die Reiseangst, entdeckt Freud, hat hier zweifellos ihren Ursprung. Man sieht, wie eng das römisch-vergilische Motiv mit der Selbstanalyse verbunden ist, das sie mit der Konstruktion der Theorie verknüpft. Aber man muß den Kommentar, den Freud zu seinen römischen Träumen gibt, bis zum Ende verfolgen.

In der *Traumdeutung* tritt die Gestalt des Vaters nach der Erzählung der vier Träume auf, nicht im Traum, sondern in der Erinnerung. Man denkt daran, wie Anchises dem Aeneas am Ende der Reise durch die Unterwelt erscheint, um ihm die künftigen Heldentaten der Römer zu verkünden. Aber es handelt sich in der Tat um eine ganz andere Botschaft. Freud findet eine Erinnerung wieder aus der Zeit, als er zehn oder zwölf Jahre alt war: sein Vater erzählte ihm auf einem Spaziergang die Geschichte einer antisemitischen Beleidigung, die er in seiner Jugend über sich ergehen ließ und auf die er nicht heldenhaft reagiert hatte. Sigmund hat dabei ein Gefühl empfunden, bei dem der Wille vorherrschte, die Erniedrigung zu tilgen: »Ich stellte dieser Situation, die mich nicht befriedigte,

---

[34] 1937d, S. 403.
[35] 1900a, S. 207/S. 134: »Hannibal [...] war aber der Lieblingsheld meiner Gymnasialjahre gewesen; wie so viele in jenem Alter, hatte ich meine Sympathien während der punischen Kriege nicht den Römern, sondern dem Karthager zugewendet. Als dann im Obergymnasium das erste Verständnis für die Konsequenzen der Abstammung aus landesfremder Rasse erwuchs und die antisemitischen Regungen unter den Kameraden mahnten, Stellung zu nehmen, da hob sich die Gestalt des semitischen Feldherrn noch höher in meinen Augen.«
[36] 1985c, S. 310.

eine andere gegenüber, die meinem Empfinden besser entsprach [...].«[37] Dann mündet der Text der *Traumdeutung*, ohne es sich jedoch zu gestatten, die letzten Ergebnisse der Selbstanalyse zu enthüllen, in die Erinnerung der zugleich freundschaftlichen und feindlichen Spiele, die Sigmund als Dreijähriger mit einem um ein Jahr älteren Jungen gespielt hat. Die zeitlichen Schichten in der Biographie Freuds, sodann in der seines Vaters, dann in der Geschichte der Reiche seit den Punischen Kriegen (Hannibal) gehen einher mit der beeindruckenden Überlagerung der Erzählungen, welche diese wenigen Seiten der *Traumdeutung* explizit oder implizit enthalten. Fasziniert von Rom und sich mit einem Feind Roms identifizierend, um die Erniedrigung seines Vaters zu kompensieren, durchquerte Freud rückwärts seine Lehrjahre, die im Gymnasium gelesenen großen griechischen und lateinischen Texte, seine Jugend, seine Kindheit und die väterliche Vergangenheit, während er zugleich eine Theorie konstruierte, bei der diese persönlichen (oder angeeigneten) Erinnerungen zu Materialien wurden. Mehrere Interpreten haben in den Erzählungen der römischen Träume das Motiv eines aus der Ferne erblickten »gelobten Landes« hervorsprießen sehen, das heißt das Moses-Motiv, was die Zeitperspektive noch einmal vertiefen würde.

Ilse Grubrich-Simitis hat sehr schön gezeigt, daß es für Freud die Beziehung zu den rebellischen Schülern, dann die lange und schmerzhafte Krebserkrankung und schließlich die tödliche Bedrohung des Nationalsozialismus sind, die der Gestalt des Moses eine wachsende Bedeutung bis hin zur Obsession verleihen.[38] Ihre Untersuchung hat ihr ermöglicht, mit aller wünschenswerten Genauigkeit die Etappen des Buchprojektes zu ermitteln, das einer von Freuds letzten Texten werden sollte. In einer letzten Identifikation hat er sich auf die Suche nach einer Klärung und Stärkung gemacht, auf die er nicht verzichten konnte. Alles weist darauf hin, daß die in den beiden ersten Vorworten zur *Traumdeutung* in Anspruch genommene und gerechtfertigte Selbstanalyse – die legitimierende Reise durch die Unterwelt, Katabasis – niemals unterbrochen wurde und daß sie in Freuds letzten Lebensjahren wieder zu einer bedeutenden Hilfsquelle wurde. Die verworfene Erstfassung des Buchs über Moses trägt den Untertitel »Ein historischer Roman«. Dieser Untertitel bezeichnet die Verschmelzung einer persönlichen, frei durch die Bibel inspirierten Fiktion mit einer Studie in »angewandter Psychoanalyse«, die sich auf das Ganze der historischen Dokumente über die Entstehung des Monotheismus bezieht. Der Mord des Ägypters Moses ist offensichtlich das Gegenstück zu den Seiten über Ödipus in der *Traumdeutung*, wobei die Spekulationen über die Urhorde in *Totem und Tabu* die Verbindung herstellen.

*

---

[37] 1900a, S. 208/S. 135.
[38] Grubrich-Simitis, 1991.

Im Schaufenster des Buchhändlers konnte die *Traumdeutung* den Eindruck einer Monographie über den Traum erwecken. Aber seit der Vorbemerkung war der Leser gewarnt: es handelt sich nur um einen Ausgangspunkt, der Traum ist »das erste Glied in der Reihe abnormer psychischer Gebilde, von deren weiteren Gliedern die hysterische Phobie, die Zwangs- und die Wahnvorstellung den Arzt aus praktischen Gründen beschäftigen müssen«. Der Autor erklärt jedenfalls, sich auf diese Symptome beschränken zu wollen und vorläufig an der Schwelle der allgemeineren Probleme der Psychopathologie haltzumachen. Schließlich wird diese Schwelle überschritten werden, und es ist gerade die Rolle des Unbewußten, das sich dank der Deutung der Träume zu erkennen gibt. Die mit Vorzug dem praktischen Arzt dargebotene Methode wird für den Forscher selbst und für ein größeres Publikum zu einer »*Via regia*«: die Schriften, die auf die *Traumdeutung* folgen werden, erläutern das, was sie schon voraussetzte, und man sieht, weit über die Probleme nur der Psychopathologie hinaus, wie sich eine Metabiologie und eine allgemeine Anthropologie konstituieren. Die ›Deutung‹ spricht sich auf diese Weise einen expandierenden Kompetenzbereich zu, der sich fortschreitend auf alle Aspekte des individuellen und sozialen Lebens bis hin zu den »säkularen Menschheitsträumen« erstreckt. Ebenso wird sich die persönliche Geschichte, die in Bruchstücken einen Teil des Materials der *Traumdeutung* bildet, bis hin zum Leben der Gattung öffnen, das heißt bis zur Phylogenese, wovon jede Ontogenese eine Zusammenfassung ist. Durch die scheinbare Verzettelung der Erzählungen, Geschichtchen und Anekdoten hindurch, welche die *Traumdeutung* ihren »Rückübersetzungen« unterwirft, sieht man eine große Geschichte der fortschreitenden Entwicklung sich gestalten – Entwicklung der Person, des Kunstwerks, der Kultur und ihres Unbehagens. (Wir dürfen nicht vergessen, daß Freuds Arbeit bis ans Ende nicht aufgehört hat über die Geschichte seiner eigenen Entwicklung nachzudenken.) Das Modell dieser Geschichte war daher verallgemeinerbar und konnte über die Psychologie hinaus in manchem Gebiet der Humanwissenschaften erprobt und angewandt werden. Es breitete sich in einer Vielzahl spezialisierter Interpretationssysteme (darunter die Literaturkritik) und in einer Unzahl abgeleiteter Erzählungen aus: Tagebüchern, Autobiographien, Romanen usw. Die Theoretiker der Postmoderne haben Freud unter den Autoren »großer Erzählungen« genannt, in die sich das zwanzigste Jahrhundert verliebt hat und von denen ein neuer Geisteszustand sich ablösen könnte. Aber es ist nicht ausgeschlossen, daß die ungreifbare Postmoderne mit ihrem Willen zur Entmystifikation selbst als ein von der großen Freudschen Erzählung abgeleitetes Produkt sich erweisen könnte.

Freud hat also in Übereinstimmung mit dem evolutionären Denken eine Vision des Anfangs vorgelegt – eine Vision der *archē* und des Archaischen.[39] Und der Anfang erschien ihm als eine Stätte der Gewalt, deren Erinnerung zu überwinden die Menschen unfähig geblieben sind, so daß diese Erinnerung zur

---

[39] Vgl. Ricœur, aaO, S. 444–475.

Erzeugerin erneuter Gewalt wurde. Es ist nicht überraschend, daß er sich mit den Dichtungen der Gründungstaten wie dem *Exodus* (2. Buch Moses) oder der *Aeneis* beschäftigt hat. Diese Schriften sind gewiß für seine Reflexion induzierend und aktivierend gewesen, als er seine Psychologie konstruierte, aber seine psychologische Theorie ermächtigte ihn, sie im Gegenzug zu lesen, um sie als Erzeugnisse des Begehrens zu deuten. Die Gründerhelden waren für ihn altüberlieferte Vorbilder, mit denen er sich aber nur in der Hoffnung, sie zu ersetzen, identifizierte: er wollte selbst in einem neuen Zeitalter der Wissenschaft Gründer sein. Freud erscheint heute als derjenige, der das, was in den Gründungserzählungen das Kennzeichen des Heiligen trug, biologisiert und psychologisiert hat. Derjenige, der sich in der Vorbemerkung zur *Traumdeutung* als einen »Naturforscher« bezeichnet, hat die großen Mythen und die religiösen Vorstellungen rückübersetzt in das Vokabular der Kräfte der Natur, wie sie sich in den Wünschen und den Vorstellungen der Menschen manifestieren. Das absolut Vorgängige ist die Natur als Trägerin des Lebens, der Liebe und des Todes: die Götter und ihr Gesetz sind im Geist der Menschen entstanden. Für Freud sind jedoch die Natur und das Leben keine abstrakten Begriffe. Sie sind immer noch das, was sie für Goethe und für das Denken der Romantiker waren: Mächte des Absoluten.[40]

»*Introite et hic dii sunt*« (Tretet ein, auch hier sind Götter). Das ist ein anderes Motto, an das Freud gedacht hatte und das er Fließ mitteilt: Freud wollte diese lateinischen Worte, »das stolze Wort«, vor die »Psychologie der Hysterie« stellen.[41] Man wird sie nicht in der *Traumdeutung*, sondern in der »*Selbstdarstellung*« finden, wo von Charcots Vorlesungen und dem »Nachweis der Echtheit und Gesetzmäßigkeit der hysterischen Phänomene«[42] die Rede ist. Es ist sehr wahrscheinlich, daß Freud, wie vermutet wurde, dieses Wort Heraklits durch das Motto von Lessings *Nathan der Weise* kannte. War er über seine aristotelische Quelle unterrichtet? Das ist weniger gewiß. Das Wort zirkulierte, und es war für jedermann unabhängig von seinem ursprünglichen Kontext verständlich. Nun ist dieser Kontext aber bedeutungsvoll, denn es handelt sich um einen der Gründungstexte der Biologie, Aristoteles' *De partibus animalium* (I 5). Die Stelle, bei der Heraklits Ausspruch eingefügt ist, erlaubt es, die ganze Tragweite seiner Aneignung durch Freud zu ermessen. Sie läßt die Verwurzelung von Freuds Überzeugungen in der großen Überlieferung des europäischen wissenschaftlichen Denkens wahrnehmbar werden:

»Man darf sich nicht bis zu kindischem Widerwillen gegen das Studium der weniger edlen Tiere (*tōn atimoterōn zōiōn*) gehen lassen. Denn in allen Werken der Natur ist etwas Wunderbares (*en pasi gar tois physikois enesti ti thaumaston*). Man muß sich an den Ausspruch erinnern, den Heraklit, so

---

[40] Vgl. Odo Marquard, 1987; Jean-Marie Vaysse, 1999.
[41] 1985*c*, S. 216 und S. 384.
[42] 1925*d* [1924], S. 37. Vgl. Schönau, 1968, S. 58–61.

sagt man, fremden Besuchern gegenüber äußerte, die im Augenblick des Eintretens zögerten, da sie sahen, wie er sich vor seinem Ofen wärmte: er lud sie in der Tat ein, ohne Scheu einzutreten, indem er ihnen sagte, auch da seien Götter. Ebenso muß man ohne Ekel (*mè dysopoumenon*) an die Untersuchung von jedem Tier gehen mit der Überzeugung, daß jedes seinen Teil von Natur und von Schönheit verwirklicht.«[43]

In allem, was Freuds Arbeit an Neuem und Gewagtem hatte, scheint er es sich zur Aufgabe gesetzt zu haben, im Bereich der Psychologie die Geltung dieser ursprünglichen Ermahnung, die die Zoologie betraf, zu bewahren und zu radikalisieren. Wir können die Worte des Aristoteles auf die Einstellung anwenden, die Freud beständig aufrechterhalten wollte. Er ermutigt den »Naturforscher«, ohne Scham (»ohne schlecht anzusehen«, *mè dysopoumenon*) seinen Blick auf alle Hervorbringungen der Natur zu richten, seien es auch »weniger edle« Formen des sexuellen und des Seelenlebens – er lädt ihn ein, vor der furchterregenden Verkettung der Erscheinungen zu staunen, auch wenn er das Staunenswerte, das *thaumaston*, in »wenig angenehmen« (*en tois mè kecharismenois*) Gegenständen suchen müßte. Für alles, wovon die Natur der Schöpfer war (*dèmiourgèsasa*), versichert Aristoteles in derselben Schrift, seien »außerordentliche Freuden (*amèchanous hèdonas*) denen vorbehalten, die fähig sind, bis zu den Ursachen vorzudringen, und die wahrhaft Philosophen sind«.

Gewiß springt ein großer Unterschied in die Augen. Aristoteles setzte dem Unternehmen der Erkenntnis die Betrachtung (*theoria*) und das theoretische Leben zum einzigen Ziel. Die Moderne hat die Erkenntnis für das Unternehmen der Verwandlung der Welt in Dienst genommen, und das Jahrhundert, dessen Eröffnungsdatum die *Traumdeutung* trägt, hat so schreckliche Tragödien gesehen, daß die Angst vor dem Übel und dem Unglück der Seelen über die Freuden des theoretischen Lebens die Oberhand behält. Das wurde auch Freuds Sache.

(Aus dem Französischen übersetzt von Horst Günther.)

---

[43] Aristoteles: Aristote, 1990, *Les Parties des Animaux*, I 5 (645a), S. 18. Freud hegte große Bewunderung für die Traumtheorie des Aristoteles, die er zu Beginn der *Traumdeutung* zitiert, aber nach Büchsenschütz' Werk *Traum und Traumdeutung im Altertum*, 1967 [1868].

Bibliographie

Anzieu, D. (1975) *L'auto-analyse de Freud* (2 Bde.), Bd. 1. Paris: P.U.F.
Aristoteles, *De partibus animalium*, nach: Aristote (1990) *Les parties des animaux*, texte établi et traduit par Pierre Louis. Paris: Les Belles Lettres.
Büchsenschütz, B. (1967 [1868]) *Traum und Traumdeutung im Altertum.* Berlin: Calvary & Co.; Nachdruck 1967. Wiesbaden: Sändig Verlag.
Cicero, *De divinatione*, übers. von G. H. Moser (1828) *Von der Weissagung*, zit. nach Freud, S., 1900*a*, S. 36.
Freud, S. (1891*b*) *Zur Auffassung der Aphasien. Eine kritische Studie.* Leipzig und Wien: Franz Deuticke. (Neuausgabe: Frankfurt am Main: Fischer Taschenbuch Verlag 1992.) (Die kursivierten Kleinbuchstaben hinter den Jahreszahlen der Freud-Eintragungen entsprechen der *Freud-Bibliographie mit Werkkonkordanz*, bearbeitet von I. Meyer-Palmedo und G. Fichtner. Frankfurt am Main 1989: S. Fischer; zweite, erw. Aufl. 1999.)
- (1893*c*) ›Quelques considérations pour une étude comparative des paralysies motrices organiques et hystériques‹, in: *Arch. neurol.*, Bd. 26, S. 29–43; dt. Übers. von M. L. Knott und M. Kütemeyer: ›Einige Betrachtungen zu einer vergleichenden Studie über organische und hysterische motorische Lähmungen‹, *Jb. Psychoanal.*, Bd. 39 (1997), S. 9–26.
- (1900*a*) *Die Traumdeutung. Studienausgabe*, Bd. 2.
- (1901*b*) *Zur Psychopathologie des Alltagslebens. G.W.*, Bd. 4.
- (1905*d*) *Drei Abhandlungen zur Sexualtheorie. Studienausgabe*, Bd. 5, S. 43–145.
- (1908*e* [1907]) ›Der Dichter und das Phantasieren‹. *Studienausgabe*, Bd. 10, S. 171 bis 179.
- (1920*b*) ›Zur Vorgeschichte der analytischen Technik‹. *Studienausgabe*, Ergänzungsband, S. 253–255.
- (1925*d* [1924]) »*Selbstdarstellung*«. *G.W.*, Bd. 14, S. 31–96.
- (1925*i*) ›Einige Nachträge zum Ganzen der Traumdeutung‹. *Gesammelte Schriften*, Bd. 3, S. 172–184; *G.W.*, Bd. 1, S. 561–573.
- (1930*a* [1929]) *Das Unbehagen in der Kultur. Studienausgabe*, Bd. 9, S. 197–270.
- (1933*a* [1932]) *Neue Folge der Vorlesungen zur Einführung in die Psychoanalyse. Studienausgabe*, Bd. 1, S. 449–608.
- (1937*d*) ›Konstruktionen in der Analyse‹. *Studienausgabe*, Ergänzungsband, S. 395–406.
- (1939*a* [1934–38]) *Der Mann Moses und die monotheistische Religion: Drei Abhandlungen. Studienausgabe*, Bd. 9, S. 459–581.
- (1950*c* [1895]) ›Entwurf einer Psychologie‹. *G.W.*, Nachtragsband, S. 387–477.
- (1969*a* [1872–74]) Jugendbriefe an Emil Fluß, in: S. Freud, »*Selbstdarstellung*«; *Schriften zur Geschichte der Psychoanalyse*, hrsg. und eingel. von I. Grubrich-Simitis. Fischer Taschenbuch Verlag, Frankfurt am Main 1993 (¹1971), S. 107–123.
- (1985*c* [1887–1904]) *Briefe an Wilhelm Fließ 1887–1904*, hrsg. von J. M. Masson,

Bearbeiter der deutschen Fassung M. Schröter, Transkription von G. Fichtner. Frankfurt am Main: S. Fischer.

Grubrich-Simitis, I. (1991) *Freuds Moses-Studie als Tagtraum*. Weinheim: Verlag Internationale Psychoanalyse. (Rev. Neuausgabe: Frankfurt am Main 1994: Fischer Taschenbuch Verlag.)

Jaspers, K. (1948 [1913]) *Allgemeine Psychopathologie*. Fünfte, unveränderte Auflage. Berlin und Heidelberg: Springer.

Lassalle, F. (1859) *Der italienische Krieg und die Aufgabe Preußens*. Berlin: Franz Duncker.

Marquard, O. (1987) *Transzendentaler Idealismus, Romantische Naturphilosophie, Psychoanalyse*. Köln: Verlag für Philosophie Jürgen Dinter.

Philostrate (1995 [1578]) *Les images ou tableaux de platte peinture, traduction et commentaire de Blaise de Vigenère (1578), présenté et annoté par F. Graziani* (2 Bde.). Paris: Champion.

Ricœur, P. (1965) *De l'interprétation. Essai sur Freud*. Paris: Seuil.

Robert, M. (1974) *D'Œdipe à Moïse*. Paris: Calmann-Lévy.

Schönau, W. (1968) *Sigmund Freuds Prosa. Literarische Elemente seines Stils*. Stuttgart: J. B. Metzlersche Verlagsbuchhandlung.

Schröder, R. A. (1952) *Vergils Aeneis* [deutsche Übersetzung]. Frankfurt am Main: Suhrkamp.

Vaysse, J.-M. (1999) *L'inconscient des modernes. Essai sur l'origine métaphysique de la psychanalyse*. Paris: Gallimard.

Vergil (1916) *P. Vergilius Maro Aeneis Buch VI*, erklärt [und übersetzt] von Eduard Norden. 2. Auflage. Leipzig, Berlin: B. G. Teubner.

Ilse Grubrich-Simitis

Metamorphosen der ›Traumdeutung‹

Über Freuds Umgang mit seinem Jahrhundertbuch

»Die Psychoanalyse«, schrieb Sigmund Freud 1923, »ist sozusagen mit dem zwanzigsten Jahrhundert geboren; die Veröffentlichung, mit welcher sie als etwas Neues vor die Welt tritt, meine ›Traumdeutung‹, trägt die Jahreszahl 1900.«[1] Fast ein Vierteljahrhundert früher hatte er sich bei seinem Freund Wilhelm Fließ zwar brieflich dafür entschuldigen müssen, daß das Buch, allein wegen Säumigkeit der Paketzustellung, nicht pünktlich zum 24. Oktober 1899 auf dessen Geburtstagstisch gelegt werden konnte[2], aber dieser Brief vom 27. Oktober 1899 läßt den Leser immerhin den feierlichen Augenblick sich vorstellen, da der Autor der *Traumdeutung* endlich die beiden ersten Vorausexemplare in Händen hielt, noch ehe das Werk vom Wiener Verlag Franz Deuticke am 4. November 1899 ausgeliefert wurde – mit der zukunftweisenden Jahreszahl »1900« auf Umschlag und Titelblatt.

Das zwanzigste Jahrhundert geht nun seinem Ende zu, und die *Traumdeutung* ist im buchstäblichen wie im übertragenen Sinne des Wortes zu einem Jahrhundertbuch geworden. Die Zäsur mag Anlaß geben, Freuds Umgang mit seinem Opus magnum sich zu vergegenwärtigen: wie er es schrieb, insbesondere aber wie er es lebenslang für die sukzessiven Auflagen revidierte und schließlich wie er es im Rückblick einschätzte.

I. In der Entstehungsphase

Dank der fortschreitenden Erschließung von Freuds frühen Korrespondenzen werden wir in Zukunft noch besser rekonstruieren können, wie weit Freuds Interesse an Träumen und Traumdeutungen tatsächlich zurückreicht. In einer Fußnote zur Krankengeschichte der ›Frau Emmy v. N.‹ hatte er schon 1895 in den *Studien über Hysterie* beiläufig mitgeteilt, er habe, dazu gezwungen, sein gewohntes Bett gegen ein härteres Lager zu tauschen, eine Zeitlang besonders häufig und lebhaft geträumt und sich die Mühe gemacht, diese Traumproduktionen aufzuschreiben sowie sich »an ihrer Lösung zu versuchen«[3]. Das

---
[1] Freud, 1924*f* [1923], S. 405.
[2] 1985*c* [1887–1904], S. 417f.
[3] 1895*d*, S. 122, Anm.

mag 1893 gewesen sein, denn in einem Brief an Minna Bernays vom 17. April jenes Jahres berichtete er: »Ich schlafe nämlich im Bibliothekszimmer und kann die schönsten Studien über merkwürdige Träume machen.« Und abermals in einem Brief an die Schwägerin heißt es dann zehn Tage später: »Ich benütze jetzt meinen Schlaf im Bibliothekszimmer dazu, um meine Träume zu notieren, was in 10 Jahren eine schöne Arbeit [...] ergeben wird.«[4]

Im Rückblick hat Freud zwar betont, die Traumdeutung sei ihm als »Erstlingsfrucht« der technischen Neuerung zugefallen, die Hypnose durch die freie Assoziation zu ersetzen, seine Wißbegierde sei »nicht von vornherein auf das Verständnis der Träume gerichtet gewesen«[5]; jedoch wird uns die Lektüre der Korrespondenz mit Martha Bernays aus der Verlobungszeit, wie bereits aus den schon publizierten Passagen ersichtlich, einmal vor Augen führen, daß das Trauminteresse sich sogar schon in den frühen achtziger Jahren nachweisen läßt – wie ein primäres Wurzelwerk des späteren Jahrhundertbuchs.

Näher an dessen Veröffentlichungsdatum liegen noch andere frühe Spuren des Trauminteresses: Unter den bisher nur in Auszügen veröffentlichten Notizen Freuds finden sich vergleichsweise viele, die die Metamorphosen des Buches *nach* Veröffentlichung der Erstausgabe dokumentieren[6]. Hingegen sind die Notate aus der Entstehungsphase, die reichhaltig gewesen sein müssen, eher spärlich überliefert. Außer Lektüreexzerpten ist es vor allem die stichwortartige erste Niederschrift von »Ein schöner Traum«, jener von Freud für besonders geistreich erachteten Traum- und Assoziationsleistung eines phobischen Patienten. Die redigierte ausführlichere Fassung steht bereits in der Erstausgabe der *Traumdeutung* und dient dort der Illustration der wechselseitigen Beziehungen von Trauminhalt und Traumgedanken, besonders der Umkehrung.[7] Schließlich finden sich auch im ›Entwurf einer Psychologie‹ von 1895 schon einige Abschnitte, welche die sich intensivierenden Schlaf- und Traumstudien belegen.[8]

Der ›Entwurf‹ aber gehörte zu den Manuskripten, die Freud einst seinen Briefsendungen an Wilhelm Fließ beigefügt hat. Tatsächlich sind es die eingangs erwähnten Fließ-Briefe, die uns den prägnantesten, lebhaftesten, facettenreichsten Einblick in den Entstehungsprozeß der *Traumdeutung* geben, also in Freuds anfänglichen Umgang mit diesem Text; denn das Buchmanuskript,

---

[4] Albrecht Hirschmüller ist für die Erlaubnis zu danken, aus seiner Transkription der Korrespondenz zwischen Freud und Minna Bernays sowie anderen Familienmitgliedern zu zitieren, an deren Edition er arbeitet.

[5] 1914d, S. 57.

[6] Erstmals näher beschrieben in *Zurück zu Freuds Texten* (Grubrich-Simitis, 1993), insbesondere in Teil II, Kapitel 3.

[7] 1900a, S. 287–91/S. 195–99. (*Die Traumdeutung* wird hier nach Band 2 der *Studienausgabe* zitiert, weil es die einzige deutschsprachige Edition ist, die, nach dem Vorbild der *Standard Edition*, Markierung und Datierung der Zusätze zu den verschiedenen Auflagen enthält; die zweite Seitenzahl bezieht sich auf die Erstausgabe der *Traumdeutung*, also auch auf den Reprint.)

[8] 1950c[1895], Abschnitte 19 bis 21 des I. Teils, S. 430–38.

das mancherlei Entstehungsvarianten enthalten haben mag, ist vom Autor in den Papierkorb geworfen worden[9], kaum daß er die beiden Vorausexemplare in Händen hielt.

Lange nach Veröffentlichung des Traumbuchs hat Freud einmal behauptet, es sei in allen wesentlichen Zügen bereits 1896 fertig gewesen, aber erst im Sommer 1899 niedergeschrieben worden.[10] Tatsächlich dokumentieren die Fließ-Briefe ab 1895, bald in mäandernder Verschränkung mit den Spuren der beginnenden Selbstanalyse[11], das Sammeln von Traumtexten und Traumdeutungen sowie von ersten Hypothesenbildungen. So findet sich schon im Brief vom 23. September 1895 die zentrale Wendung, »daß die Wunscherfüllung das Motiv des Traumes« sei.[12] Der Traum vom Auge(n)zudrücken, den Freud in der Nacht nach dem Begräbnis seines Vaters geträumt hatte und den er, mit mancherlei Modifikation, in der *Traumdeutung* später erörterte[13], ist im Brief vom 2. November 1896 notiert.[14] Und bereits das Schreiben vom 15. Oktober 1897 enthält eine vorwegnehmende Detailskizze des im Traumbuch[15] erstmals ausgearbeiteten Begriffs des Ödipuskomplexes – 1897 abgeleitet vor allem aus selbstanalytischen Einsichten sowie einem damit eng verquickten neuen Verständnis für die Wirkungswucht der Tragödien des Ödipus und des Hamlet. Was den Prozeß der tatsächlichen Niederschrift der *Traumdeutung* betrifft, so setzte er früher ein als Sommer 1899. Schon in einem Februar-Brief des Jahres 1898 berichtet Freud, daß er »fließend«[16] am Traumbuch schreibe. Und in einer März-Mitteilung wird ein erster Inhaltsentwurf an Fließ übermittelt, der sich allerdings von der definitiven Kapiteleinteilung noch erheblich unterscheidet.[17]

Bald, spätestens ab Frühjahr 1898, übernahm Fließ die »Patenschaft« für das entstehende »Traumkind«[18]. Er wurde zum »Repräsentanten des ›Anderen‹«[19], zum dialogwilligen ersten Leser und Kritiker, dem der resonanzbedürftige Autor kontinuierlich Kapitel und Kapitelstücke zuschickte. Aus etlichen Stellen des Brieftexts geht hervor, daß Freud die Einflußnahme, die Fließ zumeist aus Diskretionsrücksichten ausübte, also um den sich mit seinen eigenen Träumen und ihrer Deutung rückhaltlos exponierenden Freund vor Angriffen zu bewahren, gelegentlich als recht gewaltsam empfand: dieser habe ein Motto »umge-

---

[9] Vgl. Grubrich-Simitis, 1993, S. 117.
[10] 1914d, S. 60f.
[11] Vgl. Didier Anzieus klassische Rekonstruktion (1988[1959]).
[12] 1985c, S. 144.
[13] 1900a, S. 315f./S. 218.
[14] 1985c, S. 213f.
[15] AaO, S. 293f.; 1900a, S. 265–70/S. 180–84; vgl. unten, S. 44f.
[16] 1985c, S. 325.
[17] AaO, S. 331.
[18] Vgl. den rückblickenden Brief vom 23. März 1900, aaO, S. 444.
[19] AaO, S. 410.

bracht«, einen Traum »verdammt«, »Zensur« ausgeübt[20]. Das bezieht sich insbesondere auf Fließ' Insistieren, einen, wie Freud sich ausdrückte, »zu Grunde«[21] analysierten, also womöglich vollständig gedeuteten großen eigenen Traum insgesamt zu streichen. Andererseits wußte er, »daß ich Deine kritische Mithilfe brauche, weil ich selbst [...] das dem Autor nötige Schamgefühl verloren habe«[22].

Im Jahre 1898 aber scheinen dessen Interventionen immer wieder zu Unterbrechungen, ja zur Hemmung des Schreibprozesses beigetragen zu haben; sie lösten Trauerarbeit über das zu Unterdrückende aus und rissen Löcher in das entstehende Textgewebe. Diese wiederholte Unterbrechung der Kontinuität scheint denn auch ein Strukturmerkmal der *Traumdeutung* mitverursacht zu haben, das, wie sich zeigen wird, auch ihre späteren Revisionsschicksale bestimmte: das Anstückeln, das Heraustrennen, das Hin- und Herschieben, den Charakter des gleichsam offengebliebenen Buches, des Kollektivwerks, des Patchwork. »Ich [...] habe den von Dir gestrichenen ganzen Traum durch eine kleine Sammlung von Traumflicken [...] ersetzt.«[23]

Diesem wiederholten Aussetzen des Schreibprozesses scheint erst Ende Mai 1899 ein mächtiger Motivationsschub ein Ende bereitet zu haben, nachdem Freud sich über das von Diskretionsrücksichten aller Art ausgelöste Zögern, Zaudern und Stocken innerlich hinwegzusetzen vermocht hatte. Das geschah wohl ziemlich jäh. Der Brief vom 28. Mai hält diesen Wendepunkt mit einer sprechenden Parabel fest: »Ich hab' mir überlegt, daß es mit all den Verkleidungen nicht geht, daß es auch mit dem Verzichten nicht geht, denn ich bin nicht reich genug, den schönsten, den wahrscheinlich einzig überlebenden Fund, den ich gemacht habe, für mich zu behalten. Ich habe mich dann in diesem Dilemma benommen wie der Rabbi in der Geschichte vom Hahn und von der Henne.

---

[20] AaO, S. 396, S. 344 und S. 405. Vielleicht war ja der am Anfang und gegen Schluß des Buchtexts enthaltene Appell (1900a, S. 22/S. [VI] und S. 587/S. 370), dem Traumleben die Gedankenfreiheit nicht zu versagen, noch ein nachträglicher Protestwink gegenüber dem restriktiven Fließ.

[21] 1985c, S. 363.

[22] AaO, S. 344.

[23] AaO, S. 402. So gesehen, könnte man den Eindruck gewinnen, Freud habe sein Unbehagen angesichts des Verzichts auf die möglichst vollständige Deutung eigener Träume durch eine ständige Erweiterung dieser Traumflicken-Sammlung zu beschwichtigen versucht. Tatsächlich werden die Passagen mit den großen Beispielträumen, dem Traum von Irmas Injektion oder dem von der botanischen Monographie, in den sukzessiven Auflagen kaum revidiert, im Gegensatz zu den heftig ergänzten Bezirken mit den Traumflicken. Jedoch sei an dieser Stelle auch an die schon in der Erstausgabe zweifach geäußerte, die Reichweite der Deutungsarbeit grundsätzlich einschränkende Feststellung erinnert: »Jeder Traum hat mindestens eine Stelle, an welcher er unergründlich ist, gleichsam einen Nabel, durch den er mit dem Unerkannten zusammenhängt« (1900a, S. 130, Anm. 2/S. 76, Anm.**). Und: »Die Traumgedanken, auf die man bei der Deutung gerät, müssen ja ganz allgemein ohne Abschluß bleiben und nach allen Seiten hin in die netzartige Verstrickung unserer Gedankenwelt auslaufen« (aaO, S. 503/S. 307).

Kennst Du sie? ›Ein Ehepaar, das einen Hahn und eine Henne besitzt, beschließt, sich zu den Feiertagen einen Hühnerbraten zu gönnen, kann sich aber zur Wahl des Opfers nicht entschließen und wendet sich darum an den Rabbi: ‚Rebbe, was sollen wir tun, wir haben nur einen Hahn und eine Henne. Wenn wir den Hahn schlachten, wird sich die Henne kränken, und wenn wir die Henne schlachten, wird sich der Hahn kränken. Wir wollen aber Huhn essen zum Feiertag; Rebbe, was sollen wir tun?' Der Rabbi: ‚So schlacht's den Hahn.' – ‚Da wird sich doch die Henne kränken.' – ‚Ja, das ist wahr, also schlachtet's die Henne.' – ‚Aber Rabbi, dann kränkt sich ja der Hahn.' – Der Rabbi: ‚Loss er sich kränken!!'.‹ Der Traum wird also werden.«[24]

Und die *Traumdeutung* wurde tatsächlich. Nun gewann und behielt der Schreibprozeß bis zum Schluß eine geradezu fieberhafte Intensität. Insofern entbehrt Freuds rückblickende Aussage, das Buch sei erst im Sommer 1899 niedergeschrieben worden, nicht gänzlich der Berechtigung. Erst jetzt, nachdem, bis auf das schwierige theoretische siebte Kapitel, die sozusagen eigenen Kapitel II bis VI zu Papier gebracht waren und teils bereits vom Verlag in Fahnengestalt an den Autor zurückfluteten, konnte Freud die ihn anödende, vorher immer wieder unterbrochene und aufgeschobene Lektüre der bisherigen Traumliteratur abschließen und das erste Kapitel schreiben. Im Einvernehmen mit Fließ hatte er sich zu diesem Überblick entschlossen, weil das Nichterwähnen der Vorläufer-Autoren den Kritikern »ein Beil in die Hand« gegeben hätte, mit dem es ihnen ein leichtes gewesen wäre, »das arme Buch zu erschlagen«[25]. Aber er verglich das Literatur-Kapitel mit einem »Dornengestrüpp«[26], in dem die Leser sich verfangen könnten, ohne das Dornröschen dahinter überhaupt zu Gesicht zu bekommen. Immerhin ermöglichte das *nachträgliche* Niederschreiben Freud die souveräne Gliederung seines Kapitels I – gemäß den inhaltlichen Gesichtspunkten, die er beim Schreiben der ›eigenen‹ Kapitel zuvor bereits erarbeitet hatte.

Selbst für unsere heutigen, tempobestimmten Vorstellungen von Buchproduktion wirkt es atemberaubend, aus den Fließ-Briefen zu erfahren, wie Freud noch Ende August 1899 keine Gliederungsidee für das berühmte metapsychologische Kapitel VII entwickelt hatte, einen der theoretischen Basistexte der Psychoanalyse. Zehn Tage später, am 6. September 1899, konnte er dem Freund mitteilen, daß er täglich acht bis zehn Seiten schreibe und das Ärgste beim Verfassen seines Schlußkapitels nun wohl überstanden sei. Weil er Manuskriptlesen für eine zu große Schinderei hielt, kündigte er Fließ für dessen kritische Lektüre die Umbruchbogen unter der Zusicherung an, noch immer könne alles geändert werden. Fünf Tage danach konnte er den definitiven Abschluß des Manuskripts

---

[24] AaO, S. 386.
[25] AaO, S. 400.
[26] AaO, S. 397.

melden. Die Niederschrift des siebten Kapitels hatte also kaum mehr als zwei Wochen gedauert. Danach wurde unter Zeitdruck die Umbruchkorrektur abgewickelt. Noch am 9. Oktober fehlte das Imprimatur von drei letzten Bogen. Fünf Tage zuvor hatte Freud das Fertigwerden des Buches in höchstens zwei Wochen angekündigt; Fließ werde den Band auf seinem Geburtstagstisch vorfinden. Dazu war es dann, wie eingangs erwähnt, nicht gekommen. Aber aus jenem Brief vom 27. Oktober 1899 geht hervor, daß Fließ unterdessen in den Besitz seines Exemplars gelangt war und sich dafür bedankt hatte. In der oberen rechten Ecke des Titelblattes steht die lakonische Widmung: »Seinem theuern Wilhelm z. 24. Okt. 1899.«[27]

Das andere Vorausexemplar, Freuds eigenes, ist von ihm ins Exil mitgenommen worden und befindet sich heute in der Bibliothek des Londoner Freud Museums[28]. Auf der letzten, einer freien Seite am Schluß des Buchs sind handschriftlich mit Tinte folgende Irrtümer notiert:

Errata:

p 145 Emersdorf ist nicht der Wohnsitz von Fischhof. Derselbe liegt gleichnamig in Kärnthen.

p 266 Schiller ist in Marbach geboren – Verschieb[un]g[.]

p 135 Hannibal's Vater heißt Hamilkar.

p 370 Uranos wird von Kronos entmannt. (Nicht von Zeus)

p 177 Dasselbe.

Mit der Korrektur dieser Stellen ist Freud unterschiedlich umgegangen. Die zweite ist auf Seite 266 des Handexemplars an Ort und Stelle in braunem

---

[27] Dieses Fließsche Exemplar, das sich jahrzehntelang im Besitz der Fließ-Familie befunden hatte, ist am 29. Oktober 1998 bei einer Auktion von Beständen der Haskell F. Norman Library of Science and Medicine bei Christie's in New York unter den Hammer gekommen und ging für vierzigtausend Dollar an einen englischen Bieter.

[28] Keith Davies, der Bibliothekar des Museums, hat mir freundlicherweise ermöglicht, die verschiedenen Auflagen der *Traumdeutung* in Freuds Bibliothek zu studieren.

Fettstift eingetragen, möglicherweise nicht von Freuds Hand; gleichfalls wohl nicht in seiner Handschrift und heute kaum noch lesbar, ist in dunkelrotem Fettstift auch die Korrektur auf Seite 135 im Buch notiert. Hingegen sind die übrigen drei Errata dort nicht markiert.

Einige der Irrtümer sind Freud, wie in den Fließ-Briefen nachzulesen[29], unmittelbar nach Erscheinen des Buches aufgefallen. Mit Ausnahme des zuerst notierten Fehlers, hielt er sie nicht für zufällig, sondern für symptomatisch, für begründete und begründbare Irrtümer des Gedächtnisses unter dem störenden Einfluß einer Nötigung zum Verschweigen oder zur Entstellung. Wie das jeweils Unterdrückte sich in Gestalt jener Irrtümer dann doch Ausdruck zu verschaffen wußte, analysierte Freud sogleich eingehend in der *Psychopathologie des Alltagslebens*, an der er damals schrieb und die bereits 1901 veröffentlicht wurde. Er erkannte dort in seinen drei Fehlleistungen »Abkömmlinge verdrängter Gedanken, die sich mit meinem verstorbenen Vater beschäftigen«[30]. Selbst das erste der notierten Errata, daß nämlich Emmersdorf in der Wachau nicht der Sitz des Wiener revolutionären Studentenführers Fischhof war, sondern vielmehr das gleichnamige Emmersdorf in Kärnten, erwähnte Freud im *Alltagsleben* – zur Kontrastierung dieses Zeugnisses einer schlichten Unwissenheit gegenüber seinen drei regelrechten Fehlleistungen.[31] Es ist vielleicht nicht ohne Interesse, daß er diesen gewissermaßen harmlosen Irrtum zwar ab 1909 direkt im Haupttext korrigierte[32], ihn aber erst 1925 in einer Fußnote expressis verbis von den drei eigentlichen Fehlleistungen unterschied, die allesamt schon in der zweiten Auflage des Traumbuchs ins Lot gebracht worden waren.[33]

Von außen betrachtet, sehen die beiden Vorausexemplare sehr verschieden aus. Dasjenige Freuds ist ein Halblederband. Der Papierüberzug der Buchdecken ist lebhaft marmoriert, in grauem Grundton, von Weiß bis Schwarz changierend, mit lichtgrünen Einsprengseln. Die Lederecken sind bräunlich, teils schwarz retuschiert. Der Buchrücken, der verlorengegangen war und erst in jüngerer Zeit ersetzt wurde, besteht aus graugrünem Leder und zeigt eine der Titelblatt-Typographie angeglichene Goldbeschriftung: Freud Die Traumdeutung. Goldschnitt ziert die Oberkante des Buchblocks. Das Vorsatzblatt ist mit einem feinen Rankenornament kleingemustert, grünlich-goldschimmernd. Ein zartgrünes Leseband ist nur noch als Fragment erhalten, ebenso das grüngrau gestreifte Kapitalband. Anders das Fließ-Exemplar. Es zeigt einen einfachen

---

[29] AaO, S. 419 und 424.
[30] 1901b, S. 244.
[31] AaO, S. 246.
[32] »[...] Emmersdorf kennen gelernt hatte, welchen Ort ich fälschlich für den Ruhesitz des Studentenführers Fischhof hielt« (2. Auflage, 1909, dort S. 149).
[33] Im Falle des Uranos/Kronos/Zeus-Dramas der Entmannung freilich korrigierte er an der ersten Stelle in der zweiten Auflage der *Traumdeutung* (1900a, S. 261, Anm. 1) weitaus weniger radikal als in der *Psychopathologie des Alltagslebens* (1901b, S. 243), an der späteren Stelle (1900a, S. 586) sogar überhaupt nicht.

bräunlichen Pappeinband. Auch hier sind Autorenname und Buchtitel auf dem Buchrücken in Goldschrift wiedergegeben. Die Verschiedenheit der beiden Exemplare ist auf den Umstand zurückzuführen, daß es eine gebundene Standardausgabe von wissenschaftlichen Büchern damals in der Regel nicht gab. Die Verlage stellten den Buchblock, meist unbeschnitten, in einem einfachen Papierumschlag zur Verfügung, auf dem alle wichtigen Angaben, analog zum Titelblatt, abgedruckt waren.[34] Es war üblich, daß der Buchblock dann vom Käufer selbst zur Binderei gegeben und dort mit einem individuellen, mehr oder weniger aufwendigen Einband ausgestattet wurde.

Das Buchinnere aber ist selbstverständlich identisch und wird im vorliegenden Reprint der Erstausgabe dem Leser erstmals wieder in der Originalgestalt vor Augen geführt.[35] Klassische Einfachheit und Strenge charakterisieren das Titelblatt; es ist weniger ziseliert oder verspielt als die mit ausgeprägten Serifen und ornamentalen Zierlinien versehenen Titelblätter von *Zur Auffassung der Aphasien* oder der *Studien über Hysterie*, Freuds früheren, gleichfalls von Deuticke verlegten Büchern. Die strikt axiale Anordnung wird lediglich durch das rechtsbündig gesetzte Vergil-Motto unterbrochen. Daß das Motto auf dem Titelblatt steht und nicht auf einer eigenen Seite, mag mit der relativ späten Motto-Entscheidung zusammenhängen[36], paßt aber auch zur gedrängten typographischen Gesamtstruktur des Buches, die sich auffallend von der großzügigeren Gestaltung der nur knapp fünf Jahre früher erschienenen Breuer-Freudschen *Studien über Hysterie* unterscheidet. Wie die Positionierung des Mottos ist auch diejenige des Inhaltsverzeichnisses ungewöhnlich. Es steht ganz am Schluß[37], so daß der Leser gleichsam unvorbereitet und ohne klare anfängliche Orientierung dem Text des umfangreichen, schwierigen Buches gegenübersteht. Zwar ist dieser Text in einer schönen schmalen Antiqua gesetzt, aber die Verringerung des Durchschusses unmittelbar nach der Vorbemerkung läßt den typographisch wenig gegliederten Haupttext wie ein Augenpulver wirken. Das Fehlen von Vakat-Seiten, die nur raren Leerzeilen, die seltenen gliedernden

---

[34] Tatsächlich ist in der Auktion von Christie's auch ein nicht gebundenes Exemplar der Erstausgabe versteigert worden. Es zeigt eine solche graue Schutzhülle, auf der die Zeilen des Titelblatts wiedergegeben sind.

[35] Nach der Vorlage eines Exemplars reproduziert, das sich im Besitz der Universitätsbibliothek Mainz befindet und ursprünglich Alphonse Maeder gehört zu haben scheint.

[36] Vgl. den Brief an Fließ vom 17. Juli 1899 (1985c, S. 396). Über die generelle Motto-Eignung der Zeilen aus Vergils *Aeneis*, wenn auch noch nicht in bezug auf die *Traumdeutung*, hatte Freud sich allerdings schon am 4. Dezember 1896 geäußert (aaO, S. 217). Übrigens blieb das Motto auch in den späteren zu Freuds Lebzeiten erschienenen Auflagen des Traumbuchs, die teils neu gesetzt wurden, auf dem Titelblatt stehen; im Abdruck des Buches im Rahmen der *Gesammelten Schriften* wurde es 1925 allerdings, wohl versehentlich, überhaupt nicht wiedergegeben.

[37] In späteren Auflagen hat Freud es aber nach vorne gerückt, ausgenommen die Ausgabe von 1925.

METAMORPHOSEN DER ›TRAUMDEUTUNG‹

Querlinien, das Auszeichnen vorwiegend durch Sperrung[38] – all dies mag im Leser auf den ersten Blick den Eindruck entstehen lassen, auf eine abweisende, monotone Textmauer zuzulaufen. Ob Freud dieses gedrängte Textbild gestört hat, wissen wir nicht. In den Fließ-Briefen finden sich lediglich Andeutungen, daß er erwogen hatte, das Traumbuch nicht mehr von Franz Deuticke herausbringen zu lassen, dann aber doch beschloß, bei seinem ersten Verleger zu bleiben.

Immerhin gibt es einen Fingerzeig, daß Freud seinem Leser zu Hilfe kommen, es ihm erleichtern wollte, sich in dem komplizierten Opus zurechtzufinden. In Gestalt sorgsam ausgearbeiteter lebender Kolumnentitel hat er ihm, vielleicht im Zuge des allerletzten Korrekturgangs, noch einen Ariadnefaden für seinen Weg durch das Labyrinth in die Hand gelegt. Während die linksseitige Kolumne wie üblich in der Regel lediglich mit dem Kapiteltitel wechselt, verändert sich die rechtsseitige in rascher Folge, meist Seite für Seite.[39] Wer diese rechtsseitigen Kolumnentitel fortlaufend liest, vernimmt einen aufschlußreichen zusätzlichen Kommentar Freuds zu seiner *Traumdeutung*.

Durchaus verschiedene Funktionen scheint er diesen Kolumnen zugedacht zu haben. Immer wieder nimmt er in ihnen, im Sinne eines fortlaufenden detaillierteren Inhaltsverzeichnisses, verbatim die Titel von Unterabschnitten auf: »Das Infantile als Traumquelle«, »Die Verdichtungsarbeit der Traumbildung«, »Die Affecte im Traume«. Oder sie führen, nach Art eines Sachregisters, stichwortartig die auf den betreffenden Seiten abgehandelten Einzelheiten auf: »Bequemlichkeitsträume«, »Wunschträume kleiner Kinder«, »Wort- und Namenverdichtungen«. Wieder andere markieren neue Begriffe bzw. Termini: »Die secundäre Bearbeitung«, »Sammelpersonen und Mischpersonen«, »Die Tagesreste«. Oder es werden Thesen gebündelt, mitunter zugespitzt zusammengefaßt: »Der unbewusste Wunsch als Triebkraft des Traumes«, »Die abnormen Vorgänge sind die primitiven«, »Die Ueberschätzung des Bewusstseins«.

Besonders häufig werden Freuds eigene Beispielträume in den Kolumnen angezeigt: »Der Traum von der botanischen Monographie«, »Sehnsuchtsträume von Rom«, »Der Traum ›Non vixit‹«. Es ist, als hätte er seine wohl vorwiegend aus Diskretionsrücksichten angewandte Technik der teilweisen Deutung dieser Träume an zuweilen weit voneinander entfernten Stellen des Buches durch diese Kolumnenmarkierungen ein Stück weit rückgängig gemacht. Neben trockenen

---

[38] Erst im allerletzten Kapitel VII wird zur Charakterisierung von Aufbau und Funktion des seelischen Apparats die Kursivierung als zusätzliche Auszeichnung eingeführt, etwa in den alsbald klassischen Abkürzungen *Bw*, *Vbw* und *Ubw*.

[39] Obwohl es sich um ein sehr schmales Buch handelt, hat Freud solche lebenden Kolumnen auch seinem Frühwerk *Zur Auffassung der Aphasien* beigefügt. Die Aphasien-Schrift (1891b) ist 1992 im Rahmen der Reihe *Sigmund Freud Werke im Taschenbuch* erstmals nachgedruckt worden. Zu Recht hat der Herausgeber, Paul Vogel, die Kolumnentitel als »Teil des Originaltextes« (aaO, S. 153) aufgefaßt und sie im Anhang mitgeteilt.

Kolumnen stehen unterhaltsame, die Leserneugier anstachelnde: »Die Absurdität drückt Spott und Hohn aus«, »Es gibt keine ›harmlosen‹ Träume«, »Einwände gegen die Technik der Traumdeutung« und bald darauf »Rechtfertigung der Deutungstechnik«.

Wieder andere Kolumnen und Kolumnenserien dienen der zusätzlichen Pointierung, fügen dem Text ein quasi musikalisches Moment hinzu. Die einzige Stelle im Buch, wo der rechtsseitige Kolumnentitel, ersichtlich zur Kennzeichnung der herausragenden Bedeutung gerade dieses Traumes, seitenlang stillgestellt, das heißt völlig unverändert, gleichsam als unüberhörbarer Dauerton, wiederholt wird, findet sich im zweiten Kapitel: im Unterschied zu anderen eigenen Beispielträumen, die wechselnde rechtsseitige Kolumnen tragen, wird einzig der Traum von Irmas Injektion samt Analyse von der identischen Kolumnenzeile »Der Traum von Irma's Injection« bis zum Kapitelschluß begleitet. Freud war bekanntlich davon überzeugt, daß ihm am 24. Juli 1895 in der Analyse des Irma-Traums die Einsicht in die wunscherfüllende Funktion des Träumens geglückt sei.[40] Das zweite Kapitel selbst endet mit den markanten Sätzen: »Ich begnüge mich für den Moment mit der einen neu gewonnenen Erkenntnis: Wenn man die hier angezeigte Methode der Traumdeutung befolgt, findet man, daß der Traum wirklich einen Sinn hat und keineswegs der Ausdruck einer zerbröckelten Hirntätigkeit ist [...]. *Nach vollendeter Deutungsarbeit läßt sich der Traum als eine Wunscherfüllung erkennen.*«[41] Und den Titel des anschließenden dritten Kapitels bildet denn auch folgerichtig der kompakte Aussagesatz: »Der Traum ist eine Wunscherfüllung.«

In einer anderen Schlüsselpassage des Buches, dort, wo im Kontext der typischen Träume vom Tod »teurer Verwandter« auf einmal Schritt für Schritt der Begriff des Ödipuskomplexes eingeführt wird, wirkt die Sequenz der Kolumnentitel wie ein verhaltener Trommelwirbel, als solle der Text angetrieben werden: »Die Feindseligkeit des Kindes gegen Geschwister«, »Die sexuellen Regungen der Kinder gegen die Eltern«, »Die infantile Wurzel der Oedipussage«. Im Text selbst heißt es zum Verhältnis der Kinder zu den Geschwistern realistisch: »Ich weiß nicht, warum wir voraussetzen, es müsse ein liebevolles sein, da doch die Beispiele von Geschwisterfeindschaft unter Erwachsenen in der Erfahrung eines jeden sich drängen [...].« Und dann zu demjenigen zu den Eltern: »Es verhält sich – grob ausgesprochen – so, als ob eine sexuelle Vorliebe sich frühzeitig geltend machen würde, als ob der Knabe im Vater, das Mädchen in der Mutter den Mitbewerber in der Liebe erblickte, durch dessen Beseitigung ihm nur Vorteil erwachsen kann. Ehe man diese Vorstellung als ungeheuerlich verwirft, möge man auch hier die realen Beziehungen zwischen Eltern und Kindern ins Auge fassen. Man hat zu sondern, was die Kulturforderung der Pietät von diesem Verhältnis verlangt und was die tägliche Beobachtung als

---

[40] Vgl. 1985c, S. 458.
[41] 1900a, S. 140/S. 84.

tatsächlich ergibt. In der Beziehung zwischen Eltern und Kindern liegen mehr als nur ein Anlaß zur Feindseligkeit verborgen [...]. Ich meine, die Heiligkeit, die wir den Vorschriften des Dekalogs zuerkannt haben, stumpft unseren Sinn für die Wahrnehmung der Wirklichkeit ab.«[42]

Der zusätzliche Kommentar, den Freuds Kunst der Kolumnenformulierung der Erstausgabe seines Jahrhundertbuchs mitgegeben hat, wird heute kaum noch wahrgenommen, was nicht zuletzt auf die Tatsache zurückzuführen ist, daß er in den neueren Editionen der *Traumdeutung* ganz oder teilweise fortgelassen wurde.[43]

Kehren wir noch einmal zum feierlichen Augenblick zurück, da Freud die beiden Vorausexemplare in Händen hielt. Rund vier Wochen danach berichtete er Fließ am 26. November 1899 von angeblich zufriedenstellendem Verkauf des Buches[44], mußte diese Einschätzung aber einige Monate später zurücknehmen: »Der Buchhändler beklagt sich, daß die Traumdeutung ›schwach gehe‹.«[45] Diese Klage war berechtigt. Die Auflage der Erstausgabe betrug nur 600 Exemplare. Und es dauerte nahezu zehn Jahre, bis sie verkauft war und 1909 eine zweite Auflage veranstaltet werden konnte. Nach dieser langen Latenzzeit folgten dann freilich, teils in rascher Folge, weitere Auflagen – bis zu Freuds Tod waren es insgesamt neun.

Betrachtet man die Wirkungsgeschichte des Jahrhundertbuchs für einen Moment aus dem Blickwinkel der Gegenwart, so wäre unter den Bedingungen einer jagenden, ständig sich selbst überholenden Informationstechnologie zweierlei nicht länger vorstellbar: daß in einem Wissenschaftszweig ein Paradigmenwechsel von einer einzelnen gedruckten Monographie ausgelöst werden könnte und daß ein Buch mit einem anfangs derart schleppenden Absatz von einem Verlag zehn Jahre am Lager gehalten würde, so daß es in aller Gemächlichkeit sein revolutionäres intellektuelles Potential entfalten und seine Eignung zur schließlichen Millionenauflage erweisen könnte.

II. Im Revisionsprozeß

Bis auf zwei sind alle zu Freuds Lebzeiten erschienenen Neuauflagen überarbeitet worden. An diesen vielgestaltigen Revisionsschicksalen läßt sich des Autors späterer Umgang mit seinem Traumbuch ablesen. Es versteht sich von selbst,

---

[42] AaO, S. 255/S. 172 und S. 260f./S. 176f.

[43] Das gilt insbesondere für die *Standard Edition*. Infolgedessen fehlt des Autors Kolumnenkommentar auch in der von James Strachey mitherausgegebenen Edition der *Traumdeutung* im Rahmen der *Studienausgabe*. In Band 2/3 der *Gesammelten Werke*, nach Freuds Tod erschienen, sind lediglich Teile der Kolumnen überliefert, weil die Veränderung des Umbruchs infolge Neusatzes Umformulierungen erzwungen hat.

[44] 1985c, S. 427.

[45] Brief vom 16. Mai 1900, aaO, S. 454.

daß der bloße Umfangvergleich der verschiedenen Auflagen, da mitunter Neusatz veranstaltet wurde, der Satzspiegel sich also änderte, ein völlig unzulängliches Bild vom Gewicht der jeweiligen Revision ergeben würde. Aber auch das noch so eingehende Studium der Vorworte zu den sukzessiven Auflagen würde ein unzutreffendes Resultat erbringen, weil dabei die Spannung übersehen würde zwischen dem, was zu tun Freud in der jeweiligen Vorrede ankündigt, und dem, was er dann an revidierenden Eingriffen tatsächlich vorgenommen hat, teils durchaus im Gegensatz zum Angekündigten.

Schließlich dürfte sich das Augenmerk nicht ausschließlich auf den Text der *Traumdeutung* in ihren verschiedenen Auflagen zentrieren, sondern hätte auch andere Dokumentenbereiche mit zu berücksichtigen. Dazu würden die *Protokolle der Wiener Psychoanalytischen Vereinigung*[46] ebenso gehören wie die psychoanalytischen Zeitschriften jener Jahre und Jahrzehnte, in denen sich viele Spuren des leidenschaftlichen *kollektiven* Forschungsprozesses zum Thema Traum und Traumdeutung erhalten haben, den Freud in seinem bald nach Erscheinen des Jahrhundertbuchs sich konstituierenden Kreis von Schülern und Mitarbeitern durchaus aktiv in Gang setzte, u. a. durch Aufrufe und durch Einrichtung eigener Spalten, und der die Folie bildete, vor der sich die Metamorphosen der *Traumdeutung* entfalteten, oder auch das Reservoir bereitstellte, aus dem er für seine Supplemente wieder und wieder schöpfen konnte.

Nur zwei Beispiele: Im ersten Band der 1913 gegründeten *Internationalen Zeitschrift für ärztliche Psychoanalyse* findet sich unter der eigens dafür installierten Rubrik ›Beiträge zur Traumdeutung‹ jene dreiseitige Mitteilung von Hanns Sachs ›Ein Traum Bismarcks‹, die Freud 1919, unter dem Namen des Autors, in die fünfte Auflage seiner *Traumdeutung* integrierte[47]; zwar hat er die Materialien nur selten derart in toto seinem Traumbuch einverleibt, doch knüpfte er dort im Laufe der Zeit ein immer feineres Netz von bibliographischen Hinweisen auf den in den psychoanalytischen Periodika von den Kollegen Jahr für Jahr gehorteten Stoff, gewonnen aus deren gewissermaßen flächendeckenden Traumforschungen.

Das andere Beispiel bezieht sich auf die Wechselwirkung zwischen den Metamorphosen der *Traumdeutung* und dem in der Wiener Psychoanalytischen Vereinigung Diskutierten. Im Protokoll der Sitzung vom 3. März 1909 heißt es: »Prof. Freud möchte noch auf einen Traum von bestimmter Art aufmerksam machen und daran die Rundfrage knüpfen, ob der Traum selbst bekannt sei und wie seine Deutung laute. Es handle sich in diesen Träumen gewöhnlich um das *Heruntersteigen über eine glatte Mauer* oder an der Außenseite eines Hauses in den verschiedensten Formen. Der Traum endet gewöhnlich, wenn der Boden erreicht werden soll, mit Angst.«[48] Sogleich entwickelte sich ein lebhafter

---

[46] Vgl. Nunberg und Federn (Hrsg.), 1976, 1977, 1979 und 1981.
[47] 1900a, S. 371–74; in der *Zeitschrift* S. 80–3.
[48] Nunberg und Federn (Hrsg.), 1977, Bd. 2, S. 153 f.

Austausch unter den anwesenden Mitgliedern über entsprechende Traumbeispiele und Deutungsideen. So vermutete Eduard Hitschmann, es gehe um den Körper der Mutter, und Isidor Sadger berichtete vom Traum eines Patienten, in dem dieser von einer steilen Felswand ins Wasser stürzte; der Patient sei als Kind von der Mutter ins Bad genommen worden, wo er an ihr hochzuklettern pflegte, weil ihm das Wasser zu kalt war. Freud kommentierte die Diskussion am Schluß zusammenfassend. Kein Zweifel, er war zu diesem Zeitpunkt, obgleich er die Revisionsarbeit für die 1909 erschienene zweite Auflage seiner *Traumdeutung* bereits abgeschlossen hatte, wie wir sehen werden, mit der noch weitergehenden Ergänzung des Abschnitts über ›Typische Träume‹ im fünften Kapitel des Buchs beschäftigt. Und tatsächlich findet sich als Hinzufügung zur dritten Auflage von 1911 eine neue Formulierung, in welcher jeder Leser, der das geschilderte Protokoll studiert hat, mühelos Elemente der Mitarbeiterdiskussion vom 3. März 1909 wiederzuerkennen vermag: »Glatte Wände, über die man klettert, Fassaden von Häusern, an denen man sich – häufig unter starker Angst – herabläßt, entsprechen aufrechten menschlichen Körpern, wiederholen im Traum wahrscheinlich die Erinnerung an das Emporklettern des kleinen Kindes an Eltern und Pflegepersonen. Die ›glatten‹ Mauern sind Männer; an den ›Vorsprüngen‹ der Häuser hält man sich nicht selten in der Traumangst fest.«[49]

Zu den zusätzlichen Dokumentenbereichen, die zu beachten wären, wollte man die Revisionsschicksale der *Traumdeutung* umfassend rekonstruieren, zählten, außer den Briefen, natürlich auch Freuds teils noch unveröffentlichte Notizen zum Traumthema, sofern sie aus der Zeit nach der Jahrhundertwende stammen und wiederum Spuren insbesondere des Lernprozesses festhalten, den Freud hinsichtlich der Bedeutung der Traumsymbolik zu durchlaufen hatte.[50]

Im folgenden will ich den Blickpunkt jedoch ausschließlich auf den unmittelbaren Textvergleich der zu Freuds Lebzeiten erschienenen und von ihm revidierten Auflagen richten.[51]

Gezählt werden offiziell, inklusive Erstausgabe, acht Auflagen: 1900, 1909, 1911, 1914, 1919, 1921, 1922 und 1930. Wir sind es gewohnt, mit dem Wortlaut der achten Auflage, dem Text letzter Hand, zu arbeiten. Wie Freud selbst andeutete, sind die sechste und siebte Auflage von 1921 bzw. 1922 aus einem äußeren Grund so gut wie unverändert auf den Markt gelangt; sie seien »durch Plattendruck« hergestellt worden, was korrigierende und ergänzende Eingriffe

---

[49] 1900*a*, S. 349 f.
[50] Vgl. für eine ausführliche Darstellung Grubrich-Simitis, 1993, S. 140–48.
[51] Ein Wort des Dankes: Ohne die Arbeit, die James Strachey und seine Mitarbeiter für die Ausgabe der *Traumdeutung* im Rahmen der *Standard Edition* geleistet haben, wäre selbst diese beschränktere Aufgabenstellung nicht zu bewältigen gewesen: in Anlehnung an Vorarbeiten in Band 3 der *Gesammelten Schriften* von 1925 haben sie die Ergänzungen, Auslassungen und Korrekturen in der Sequenz der sechs revidierten Neuauflagen kenntlich gemacht und datiert.

ausschloß [52]. Nicht in die Auflagenzählung einbezogen wurde eine weitere und, wie sich zeigen wird, eigenwillige Präsentation der *Traumdeutung*, nämlich die 1925 im Rahmen der *Gesammelten Schriften* veröffentlichte. Daß diese Neuausgabe nicht in die Auflagenzählung aufgenommen wurde, lag wohl einfach daran, daß sie vom Internationalen Psychoanalytischen Verlag veranstaltet wurde, während alle anderen Auflagen bei Franz Deuticke herauskamen und dieser Verleger die eigene Auflagenzählung begreiflicherweise nicht unterbrechen wollte.

1909: Intime Revision

Im Vorwort betont Freud, daß er das Zustandekommen der zweiten Auflage, nach vieljährigem Abstand von der ersten, gewiß nicht den Fachkollegen, auch nicht der kleinen Gruppe seiner Anhänger, sondern vielmehr einem weiteren Kreis von gebildeten Lesern verdanke. Bei der Durchsicht habe er gefunden, daß zwar mitunter neues Material einzuschalten gewesen sei, das Buch in allem Wesentlichen jedoch unverändert bleiben könne. Offenbar hatten insbesondere die eigenen Beispielträume, für deren Verwendung er in der Vorbemerkung zur Erstausgabe noch um Nachsicht bitten zu müssen glaubte, seinem Revisionsstreben ein Beharrungsvermögen entgegengesetzt, dem er sich schließlich beugen mußte: »Für mich hat dieses Buch nämlich noch eine andere subjektive Bedeutung [...]. Es erwies sich mir als ein Stück meiner Selbstanalyse, als meine Reaktion auf den Tod meines Vaters [...]. Nachdem ich dies erkannt hatte, fühlte ich mich unfähig, die Spuren dieser Einwirkung zu verwischen.«[53] Und dann folgt ein Hinweis, der zu erkennen gibt, daß der revidierende Freud eine sich dann von Auflage zu Auflage steigernde Gefahr der Überforderung seiner Integrationsfähigkeit bereits bei der Arbeit an dieser allerersten der Nachauflagen hellwach registrierte: »Wo ich eine unabweisbare Bemerkung nicht in den alten Zusammenhang einfügen konnte, habe ich ihre Herkunft von der zweiten Bearbeitung durch eckige Klammern angedeutet.«[54]

Am Ende des Literaturkapitels erklärt er in einem Zusatz nun brüsk, daß und warum er auf jedwede systematische Würdigung der seit Publikation der *Traumdeutung* erschienenen Fachveröffentlichungen verzichte: in den meisten dieser Schriften sei seine Arbeit unberücksichtigt geblieben; die wenigen Berichterstattungen in wissenschaftlichen Zeitschriften hätten von Unverstand und Mißverständnissen gestrotzt, so daß er seine Antwort an die Kritiker auf die Empfehlung beschränken könne, die *Traumdeutung* noch einmal oder überhaupt zum ersten Mal zu lesen. Und als einzige nachweisbare Übereinstimmung

---

[52] Vgl. 1923c [1922], S. 259.
[53] 1900a, S. 24.
[54] AaO. Indessen sind diese den Lesefluß störenden eckigen Klammern bereits 1914, mit der vierten Auflage, wieder fortgelassen worden.

mit einem unabhängigen Denker bezüglich des Kerns seiner Traumlehre befaßt er sich am Schluß jenes Zusatzes mit einer Passage in Josef Popper-Lynkeus' Buch *Phantasien eines Realisten*, dessen erste Auflage gleichfalls 1899 erschienen war.[55]

Doch wäre der Eindruck irrig, Freud habe sich nun in seinem eigenen Forschungsfeld nach außen gänzlich abgeschottet weiterbewegt. Vielmehr finden sich an vielen Stellen der zweiten Auflage, thematisch an Ort und Stelle eingeflochten, intime Quasidialoge mit anderen Denkern, die den Phänomenen des Traumlebens Beachtung geschenkt hatten, darunter zahlreichen Dichtern, vor allem aber den großen antiken Autoren; nicht lange danach würde er nachdrücklich erklären, daß der »enge Anschluß der psychoanalytischen Traumdeutung an die einst so hochgehaltene Traumdeutekunst der Antike«[56] ihm erst Jahre nach Erstveröffentlichung seines Buches klargeworden sei. Dieses Knüpfen des Netzes der Vorläuferreferenzen setzte Freud auch in fast allen folgenden Revisionen fort, nicht zuletzt Lektüreanregungen von Kollegen und Schülern aufgreifend.

Was das Vorwort nicht ohne weiteres erwarten läßt: Freud hat der zweiten Auflage seines Jahrhundertbuchs einige bedeutende theoretische Gedanken hinzugefügt, destilliert aus seiner während fast eines ganzen Jahrzehnts weitergewachsenen klinischen Erfahrung, und zwar u. a. über Träume, die der Wunscherfüllungstheorie zu widersprechen scheinen, über die Analogie von Tagtraum und Traum, über die Wiederholung und Bearbeitung von Traumen in Träumen[57]. Und bereits in diese zweite Auflage hat er eine Fülle von Addenda zur Traumsymbolik eingefügt, hier freilich noch dem fünften Kapitel zugeordnet, also in jenen Abschnitt, der alsbald regelrecht ins Kraut schießen sollte.

---

[55] AaO, S. 114f. Vgl. auch 1923f und 1932c.

[56] 1914d, S. 58.

[57] Wobei bezüglich dieses für die Psychoanalyse der Gegenwart bedeutsamen Themas in der zweiten Auflage der *Traumdeutung* widersprüchliche Bewegungen des Autors zu beobachten sind. Einerseits fügte er nämlich einer Anmerkung im fünften Kapitel folgende Sätze an: »Mit diesem Traume trat die Patientin in die psychoanalytische Behandlung ein. Ich lernte erst später verstehen, daß sie mit ihm das initiale Trauma wiederholte, von dem ihre Neurose ausging, und habe seither das gleiche Verhalten bei anderen Personen gefunden, die in ihrer Kindheit sexuellen Attentaten ausgesetzt waren und nun gleichsam deren Wiederholung im Traume herbeiwünschten« (1900a, S. 197, Anm. 2). Unmittelbar vor dieser Stelle steht im Haupttext: »daß die ältesten Kindererlebnisse *nicht mehr* als solche *zu haben sind*, sondern durch ›Übertragungen‹ und Träume in der Analyse ersetzt werden« (aaO, S. 196/S. 126; kontextbezogene Hervorhebung von Freud). Andererseits aber hat er ein paar Seiten später einen in der Erstausgabe enthaltenen längeren Traumbericht ersatz- und kommentarlos gestrichen, der gleichfalls die Wiedergabe einer traumatischen Szene enthält, deren Zeugin die Träumerin mutmaßlich gewesen war. Und diese Streichung kommentierte Freud 1925, also nachträglich, in der Wiedergabe der *Traumdeutung* im Rahmen seiner *Gesammelten Schriften* recht apodiktisch folgendermaßen: »*Der* [...] *Traumbericht ist in späteren Auflagen aus guten Gründen nicht wiederholt worden. Träume dieser Art sind typischer Natur und entsprechen nicht Erinnerungen, sondern Phantasien, deren Sinn unschwer zu erraten ist*« (*Gesammelte Schriften*, Bd. 3, S. 38).

Die lange Latenzzeit der neun Jahre, das Beobachten der akademischen Reaktion auf die Erstausgabe, die Stillung seiner kommunikativen Bedürfnisse in seinem außeruniversitären Mitarbeiterkreis, nicht zu vergessen den Stolz auf die unterdessen platzgreifende Produktivität seiner in der *Traumdeutung* vorgeführten psychoanalytischen Denkweise, verkörpert in den seither erschienenen und in der zweiten Auflage des Traumbuchs wieder und wieder erwähnten eigenen Werken von der *Psychopathologie des Alltagslebens* über das Buch über den Witz, die *Drei Abhandlungen zur Sexualtheorie* bis zur Falldarstellung der Dora und der Gradiva-Studie – all dies hatte die wuchtige Stringenz seines Denkens unübersehbar bekräftigt und seine intellektuelle Unabhängigkeit gefestigt. Hatte er sich in der Vorbemerkung zur Erstausgabe noch vorsichtig vergewissert, mit seinen Traumforschungen »den Umkreis neuropathologischer Interessen nicht überschritten zu haben«[58], so konnte er in der Auflage von 1909 gegen Schluß den berühmten, durch Sperrung hervorgehobenen Satz hinzufügen: »*Die Traumdeutung aber ist die Via regia zur Kenntnis des Unbewußten im Seelenleben*«[59] und unumwunden den Anspruch erheben, eine allgemeine, gleichermaßen pathologische wie normale Phänomene umfassende Psychologie begründet zu haben. Nicht nur in den zitierten Sätzen aus dem Vorwort zur Auflage von 1909 vermochte er sich jetzt zur selbstanalytisch-subjektiven Quelle seines Jahrhundertbuchs offen zu bekennen. Er fügte noch viele eigene Traumelemente hinzu und gab zu den bereits in der Erstausgabe publizierten weitere intime Details preis, beispielsweise den Hinweis auf seine Kinnarbe im Kontext des Traums über den einäugigen Arzt seiner Kinderzeit[60].

1911: Theoretische Revision; Öffnung des Buches für die Mitarbeiter

Während Freud in der intimen Revision von 1909, noch einmal in einsamer Anstrengung, seine *Traumdeutung* gewissermaßen zu sich heranzog, rückte er sie in der nur ein Jahr danach beginnenden Vorbereitungsarbeit für die dritte Auflage auf zweierlei Weise von sich weg: einerseits holte er die erforderliche theoretische Revision, jedenfalls in Umrissen, nach, die er in der zweiten Auflage noch vor sich hergeschoben hatte; andererseits bezog er nun entschlossen die

---

[58] 1900a, S. 21/S.[V].

[59] AaO, S. 577.

[60] AaO, S. 44. Diesen Hinweis hat Freud allerdings in den beiden letzten zu seinen Lebzeiten erschienenen Auflagen der *Traumdeutung*, denen von 1925 und 1930, wieder fortgelassen. Denkbar, daß ihm 1924/25 bei Vorbereitung von Band 1 und 2 der *Gesammelten Schriften* auf einmal klar wurde, daß die Bemerkung über diese Narbe die in der kleinen Arbeit ›Über Deckerinnerungen‹ (1899a) erörterte Fallvignette leichter als autobiographische Mitteilung entschlüsselbar machen würde (vgl. S. Bernfeld, 1981[1946]). Und ›Über Deckerinnerungen‹ wurde am Ende von Band 1 der *Gesammelten Schriften* 1925 erstmals wieder nachgedruckt, sozusagen direkt neben der *Traumdeutung*, die im zweiten Band der Edition steht.

Beiträge seiner Mitarbeiter ein, wodurch er das Buch in gewissem Sinne ihnen überantwortete und es, zumal hinsichtlich des fünften und sechsten Kapitels, zum *Kollektiv*werk sich wandeln ließ.

Beide Bewegungen sind im vergleichsweise distanzierten Vorwort zur dritten Auflage angedeutet. Als hätte er es nicht schon ein Jahr zuvor feststellen können, betont Freud nun mit großem Nachdruck den Fortschritt seiner wissenschaftlichen Erkenntnis, der auch die *Traumdeutung* tangiert habe: »Als ich sie 1899 niederschrieb, bestand die *Sexualtheorie* noch nicht, war die Analyse der komplizierteren Formen von Psychoneurosen noch in ihren Anfängen.«[61] Und am Schluß bedankt er sich bei vielen für ihre Beiträge und insbesondere bei Otto Rank für seine Hilfe bei der Auswahl der Zusätze wie für dessen selbständig durchgeführte Überwachung der Drucklegung.

Was die sorgsame inhaltliche Aktualisierung betrifft, so geschieht dieses ausdrückliche Einarbeiten von inzwischen erzielten sexualtheoretischen und neurosenpsychologischen Weiterentwicklungen an vielen Stellen der dritten Auflage. Besonderen Akzent legte der revidierende Freud dabei auf das Beobachten und Rekonstruieren, überhaupt das neuartige und erstmalige Verstehen der infantilen Sexualentwicklung, der kindlichen Sexualtheorien, nicht zuletzt der Kinderträume selbst.

Ein anderer Revisionsstrang, der die genuine Weiterentwicklung seiner Traumlehre selbst betraf und den er, wie erwähnt, bereits in der Bearbeitung von 1909 aufgenommen hatte, rückte nun vollends ins Zentrum der Aufmerksamkeit: die Bedeutung der Symbolik für die Traumbildung, ja für die Struktur des unbewußten Denkens überhaupt. Diese Umakzentuierung hatte ja nicht zuletzt die Technik des Traumdeutens selbst auf eine zweifache Basis gestellt: zur bisherigen detailgenauen Verwertung der spezifischen Einfälle des Träumers zum manifesten Traumtext war als weiteres Hilfsmittel für den Verstehensprozeß die Symbolübersetzung hinzugekommen, fußend auf einer sich ständig kumulierenden Kenntnis der mutmaßlich universellen Relation von Symbol und Symbolisiertem bzw. der für jeden Träumer gleichen Bedeutung bestimmter typischer oder stereotyper Traumszenarios.[62]

Und auch hierfür beruft sich Freud schon im Vorwort ausdrücklich auf die ihn maßgeblich inspirierenden Arbeiten eines Mitstreiters, diejenigen Wilhelm Stekels. Dieses anerkennende Betonen der Originalität von Beiträgen der Kollegen ist neu; denn noch in der zweiten Auflage hatte er eine eher abschätzige

---

[61] AaO, S. 24 f. Jung gegenüber hatte Freud allerdings betont, daß es unmöglich sei, dem Leser der *Traumdeutung* in vollem Umfang die Sexualtheorie »beizubringen, während man ihn in die elementarste Kenntnis der Traumauffassung einführt« (1974a [1906–1913], S. 436).

[62] Rückblickend hat Freud die Tatsache seiner anfänglich ausschließlichen Konzentration auf die Assoziationen geradezu dafür verantwortlich gemacht, daß ihm die Bedeutung der Traumsymbolik erst viel später in vollem Umfang aufgegangen sei; »denn für die Kenntnis der Symbole leisten die Assoziationen des Träumers nur wenig« (1914d, S. 58).

Bemerkung fallengelassen, die er erst mit der vierten Auflage wieder tilgte, daß nämlich die Traum-Publikationen seiner Mitarbeiter »eben nur Bestätigungen, keine Neuerungen« gebracht hätten[63]. Dem schon im Vorwort erwähnten, sich nun als Haupthelfer profilierenden Otto Rank wird, wie nebenbei, fast die Rolle eines Ko-Autors zugewiesen. Zu dem schon in der Erstausgabe der *Traumdeutung* enthaltenen Kernsatz »*Der Traum ist die (verkleidete) Erfüllung eines (unterdrückten, verdrängten) Wunsches*« setzte Freud nun folgende, einen Artikel Ranks zitierende Fußnote, womit er die sexualtheoretische Aktualisierung seines Kernsatzes dem Schüler zu überlassen schien: »Vorgreifend führe ich hier die von Otto Rank herrührende Erweiterung und Modifikation der obigen Grundformel an: ›Der Traum stellt regelmäßig auf der Grundlage und mit Hilfe verdrängten infantil-sexuellen Materials aktuelle, in der Regel auch erotische Wünsche in verhüllter und symbolisch eingekleideter Form als erfüllt dar.‹«[64]

Deutlicher als in der Revision von 1909 werden nun – und dies gilt auch für spätere Auflagen – die Urheber für das Material der zahllosen Einschaltungen namentlich angeführt, wiederum insbesondere im Abschnitt über ›Die Darstellung durch Symbole im Traume‹. Und zwar gilt dies nicht nur für den Fall, daß Freud längere Passagen, ganze Abschnitte verbatim zitiert, etwa den von Rank mitgeteilten und gedeuteten ›Stiegentraum‹[65], also auffallende, durchaus störende Stil-Bruchflächen in Kauf nimmt, sondern auch bezüglich der zuweilen kaum mehr als eine Zeile umfassenden Einsprengsel. Von der dritten Auflage an kann man bezüglich dieser Passagen des Traumbuchs, also des fünften und sechsten Kapitels, von einer zunehmenden Orchestrierung sprechen oder von einem Übergang vom Solo zum vielstimmigen Chor, welcher freilich, je mehr die Wucherung in den noch späteren Auflagen überhandnimmt, gelegentlich zum Stimmengewirr desintegrieren kann. Eingangs war vom Strukturmerkmal des Patchwork die Rede gewesen; insbesondere mit der Revision für die dritte Auflage von 1911 drängt sich diese sonst für Freuds Werke keineswegs charakteristische Eigentümlichkeit des Traumbuchs mehr und mehr in den Vordergrund.

Wie weit Freud während der Vorbereitung für diese dritte Auflage seine *Traumdeutung* tatsächlich von sich weggerückt, sie in gewisser Weise losgelassen, gar aufgegeben hatte, vermag der Leser aus der Buchlektüre allein nicht zu entnehmen. Es ist in der Korrespondenz mit C. G. Jung dokumentiert, die an dieser Stelle in die Betrachtung einbezogen sei. Jung hatte, wohl deutlicher und klarer als andere, beklagt, daß die Überzeugungskraft des Buches, zumal bei der Lehrtätigkeit, durch die Tatsache beeinträchtigt sei, daß Freud vor allem an seinen eigenen Träumen exemplifiziere: »ich habe noch jedes Mal konstatieren können, daß die Unvollständigkeit der Deutungen der Hauptbeispielträume

---

[63] Vgl. S. 67 der Auflage von 1909. Unter den Mitarbeitern nennt er dort namentlich Jung, Abraham, Riklin, Muthmann und wiederum Stekel.

[64] 1900a, S. 175, Anm. 1.

[65] AaO, S. 361 ff.

Grund zu Mißverständnissen gibt«[66]. Freud hatte diese Kritik ja von Anfang an expressis verbis selbst geübt, aber auch darauf beharrt, daß sich daran nichts ändern lasse. In seiner Antwort auf Jungs Einwand skizzierte er nun am 17. Februar 1911 überraschenderweise noch einen ganz anderen Plan zur Überwindung des Dilemmas: »Der Autor hat aber vor, dem Unfug auf andere Art abzuhelfen. In der bereits fertiggestellten Vorrede [zur dritten Auflage] heißt es, daß dieses Buch nicht wieder herausgegeben, sondern durch ein neues unpersönliches ersetzt werden soll, für welches ich mit Ranks Hilfe nun in den nächsten drei bis vier Jahren Material sammeln werde. Ich werde dann den Traum unter Voraussetzung, eventuell Mitteilung der Ergebnisse der Neurosenlehre darstellen, während Rank die literarischen und mythologischen Beziehungen verfolgen wird.«[67] Aus Freuds späterem Brief vom 12. Mai 1911 erfahren wir schließlich noch, daß der Verleger Deuticke Einspruch gegen den Abdruck dieser bereits niedergeschriebenen Vorrede erhoben hatte; eine solche Deklaration, daß diese dritte die letzte Auflage des Buches sein solle, mache einen ungünstigen Eindruck. Des Verlegers Insistieren verhinderte also das vorzeitige Ende des Revisionsprozesses und das Verschwinden der *Traumdeutung* vom Buchmarkt. Irgendwann zwischen 1911 und 1914 ist der Plan, die *Traumdeutung* durch ein »neues unpersönliches« Buch zu ersetzen, offensichtlich aufgegeben worden.

1914: Revision als Restrukturierung

»Wenn diese Zusätze nun gelegentlich den Rahmen der Darstellung zu sprengen drohen [...]« – aus dieser Formulierung, die im Vorwort zur dritten Auflage[68] steht, spricht noch einmal Freuds Gespür für die Gefahr einer Entgleisung seiner Revisionsbemühungen. So nimmt es nicht wunder, daß er in der vierten Auflage in bezug auf die am meisten betroffenen Kapitel des Buches einen entschiedenen, freilich nur teilweise glückenden Versuch zur Eingrenzung dieser Gefahr unternahm – in Gestalt einer grundlegenden Restrukturierung. Dadurch wurde die *Traumdeutung* mit der vierten Auflage in den betroffenen Passagen zu einem etwas anderen Buch. Dies ist gleichsam der Zipfel, der vom radikalen Plan des Jahres 1911 übriggeblieben ist. Und dem scheint auch zu entsprechen, daß der Verlag diesmal insgesamt Neusatz veranstaltete, in freilich kaum weniger gedrängtem Schriftbild.

Angesichts der Tatsache, daß es sich um die nach Umfang und Vieldimensionalität wohl gravierendste Überarbeitung handelt, verblüfft die fast desinteressierte Einsilbigkeit des nur wenige Zeilen umfassenden Vorworts. Unmittelbar vor Kriegsausbruch niedergeschrieben, besteht es aus zwei Mitteilungen. Er-

---

[66] 1974a, S. 434.
[67] AaO, S. 436f.
[68] AaO, S. 25.

stens, im Vorjahr sei, von Abraham A. Brill besorgt, eine englische Übersetzung der *Traumdeutung* veröffentlicht worden, und zweitens, Otto Rank habe diesmal nicht nur die Korrekturen beaufsichtigt, sondern das Buch auch noch um zwei eigene Beiträge bereichert.

Letztere werden sogar auf der Titelseite ausdrücklich hervorgehoben, wo es heißt: »Vierte, vermehrte Auflage mit Beiträgen von Dr. Otto Rank.«[69] In der dritten Auflage hatte Freud eine Prognose gewagt, nach welchen Richtungen künftige Revisionen der *Traumdeutung* sich mutmaßlich ausbreiten würden, und u. a. die reichen Stoffe der Dichtung und des Mythos erwähnt, an die Anschluß zu suchen sei. Die Titel der nun zwischen das sechste und siebte Kapitel eingeschalteten Rank-Artikel lauten: ›Traum und Dichtung‹ und ›Traum und Mythus‹. Aus dem Blickwinkel des Plans von 1911 gesehen, könnte man darin freilich auch so etwas wie die stillschweigende Ausführung des seinerzeit für das »neue unpersönliche« Buch projektierten Rank-Parts erkennen. Die Beiträge umfassen zusammen fast vierzig Druckseiten. Weil sie, mit eigenem Motto und lebenden Kolumnen ausgestattet, als ›Anhang‹ deklariert sind, wirken sie wie das Ende des Buches, spalten also Freuds großes theoretisches siebtes Kapitel optisch gewissermaßen vom Buch ab. Insofern steigert dieses Arrangement eher noch die Gefahr einer Desintegration der *Traumdeutung*, anstatt sie einzudämmen.

Andererseits hat Freud in der vierten Auflage gerade in dieser Region seines Jahrhundertbuchs, zentriert um die Erörterungen und Addenda zum Thema der Traumsymbolik, alle Anstrengungen zu einer Neugliederung der aus den Fugen geratenen Kapitel V und VI unternommen. Schon James Strachey hat die Revisionsschicksale dieser beiden Kapitel rekonstruiert und prägnant zusammengefaßt: »In der Erstauflage beschränkte sich die Erörterung der Symbolik auf einige wenige Seiten am Schluß des Abschnitts über ›Die Rücksicht auf die Darstellbarkeit‹ im VI. Kapitel. Zu diesem Abschnitt kam in der zweiten Auflage (1909) nichts hinzu; dagegen fügte Freud im V. Kapitel am Schluß des Abschnitts über ›Typische Träume‹ mehrere Seiten über sexuelle Symbolik ein. Diese wurden in der dritten Auflage (1911) noch erheblich erweitert, während die ursprüngliche Passage in Kapitel VI wiederum unverändert blieb. Eine Umgruppierung war zweifellos überfällig, und so führte Freud bei der vierten Auflage (1914) in das VI. Kapitel einen ganz neuen Abschnitt (E) über Symbolik ein, in den er das zu diesem Thema gehörende Material, das sich mittlerweile im V. Kapitel angesammelt hatte, übertrug und noch durch weiteres, ganz neues Material ergänzte.«[70] An dieser Neugliederung hat sich später nichts mehr geändert. Um eine Vorstellung vom Gewicht der Restrukturierung zu vermitteln, seien die Umfangrelationen erwähnt, trotz der Tatsache der Satzspiegelände-

---

[69] Auch die Titelseiten der drei folgenden Auflagen von 1919, 1921 und 1922 enthalten diesen Hinweis.

[70] Strachey, 1972[1953], S. 14.

rung infolge des Neusatzes sind sie aussagekräftig: In der dritten Auflage umfaßt das fünfte Kapitel 102 Seiten, das sechste 117 Seiten; beide Kapitel sind dort also annähernd gleich lang; in der vierten Auflage hingegen beträgt das Seitenverhältnis 82:157, also nahezu 1:2. Das sechste Kapitel wurde also zu einer Art Buch im Buche.

Entgegen der Absicht, die Konturen seiner ausufernden *Traumdeutung* wieder zu schärfen, blieb Freud also an vielen Stellen bei seinem Prinzip der Öffnung seines Opus magnum für die Texte seiner Mitarbeiter. So schaltete er, mitten im sechsten Kapitel, einen ganzen Artikel von Alfred Robitsek ›Zur Frage der Symbolik in den Träumen Gesunder‹ ein, der zwei Jahre zuvor bereits im *Zentralblatt für Psychoanalyse* erschienen war. In neuen eigenen Zusätzen würdigte Freud Ranks Arbeiten über durch Organreiz hervorgerufene Weckträume und schrieb ihm anerkennend »die vollständigste Deutung eines längeren Traumes« zu.[71] Im siebten Kapitel, das bisher ein vorwiegend Freudsches geblieben war, erklingt nun im Haupttext, in bedeutsamen neuen theoretischen Ausführungen über die psychische Realität als besonderer Existenzform, die Stimme von Hanns Sachs mit einer sprechenden Metapher.[72] Und Sándor Ferenczi darf den Abschnitt ›Zur Wunscherfüllung‹ mit der Wiedergabe einer Beobachtung zur Lenkung von Träumen quasi zu Ende schreiben.[73]

Wer Freuds gewichtige eigene Supplemente von 1914 zu diesem siebten, bislang kaum revidierten Kapitel aufmerksam studiert, wird spüren, wie er sich hier bereits auf die Themen der großen metapsychologischen Abhandlungen einstimmte, die ihn wenig später, im Kriegsjahr 1915, beschäftigen sollten: Regression, Lustprinzip/Realitätsprinzip, die verschiedenen Bedeutungen des Wortes »unbewußt«, psychische versus faktische bzw. materielle Realität usw. Und tatsächlich stellte er in der Nachkriegsrevision von 1919 diese Verbindung zu den metapsychologischen Abhandlungen mitunter expressis verbis her.

Aus dem lapidaren Vorwort zur Revision von 1914 könnte der Leser gleichfalls nicht auf die zahlreichen, über das ganze Buch verstreuten weiteren Zusätze zur Traumliteratur der verschiedensten Epochen sowie Sprach- und Kulturregionen schließen: von Artemidorus von Daldis, dem Freud die umfassendste Bearbeitung des Themas der Traumdeutung in der griechisch-römischen Welt zuschrieb, bis zu den modernen Traumdeutern des Orients, die, im Unterschied zu den Alten, die Gedankenarbeit des Träumers so nachdrücklich in den Prozeß des Traumdeutens einbezogen wie er selbst, von den Mystikern des Mittelalters bis zu den Philosophen des 19. Jahrhunderts. Mehr Aufmerksamkeit als früher wird nun den zeitgenössischen Autoren und ihren mannigfaltigen Beiträgen zum Verständnis des Träumens geschenkt. Herrliche Zitate, auf die Freud

---

[71] 1900a, S. 244, Anm. 2, und S. 309, Anm. 1.
[72] AaO, S. 587.
[73] AaO, S. 545. Allerdings erschien dieses Ferenczi-Zitat 1914 zunächst als Fußnote und wurde erst 1930 als Abschluß des Abschnitts in den Haupttext integriert.

unterdessen gestoßen war – etwa von James Sully oder Hughlings Jackson[74] –, zeigen, in welcher Dichte Grundhypothesen der *Traumdeutung* an der Wende vom neunzehnten zum zwanzigsten Jahrhundert in der Luft lagen.

Einräumen konnte er nun auch, daß sein Jahrhundertbuch in der Fachdiskussion nicht länger übersehen wurde, und griff diese neueste Literatur jeweils an Ort und Stelle auf. Freilich betonte er einmal fast belustigt, keine seiner Aufstellungen sei auf derart grimmigen Widerspruch gestoßen, habe »so ergötzliche Verrenkungen der Kritik«[75] hervorgerufen wie der Hinweis auf die im Unbewußten erhalten gebliebenen kindlichen Inzestneigungen. Und wie zum Trotz rückte er eine Seite später die seit der Erstausgabe als Fußnote abgedruckte Hamlet-Passage, die große Variation zum Ödipus-Motiv, mitten in den Haupttext hinein, direkt im Anschluß an die zentrale Passage über Sophokles' *König Ödipus*, unübersehbar für den Leser – wie ein didaktisches, einübendes Wiederholen.

1919: Revision mit Kriegsspuren

Im nämlichen Textbezirk fügte Freud dann in der fünften Auflage, auf *Totem und Tabu*, sein 1912/13 veröffentlichtes Denkbild zur Urgeschichte der menschlichen Aggression verweisend, noch einen weite Horizonte eröffnenden Nachsatz ein, den er eigentlich schon der Auflage von 1914 hätte mitgeben können, der sich ihm aber offenbar erst jetzt, nach der Grauenserfahrung des Ersten Weltkriegs, aufdrängte: »Der hier zuerst in der *Traumdeutung* berührte ›Ödipuskomplex‹ hat durch weitere Studien eine ungeahnt große Bedeutung für das Verständnis der Menschheitsgeschichte und der Entwicklung von Religion und Sittlichkeit gewonnen.«[76]

Viel unmittelbarere Kriegsspuren finden sich freilich im neu hinzugekommenen Traummaterial, zumal dem eigenen. Gemeint ist insbesondere jener Traum von der Rückkehr seines Sohnes Ernst von der Front, der die Wirkungsweise eines Tagesrests ängstlicher Erwartung illustrieren sollte; seit längerer Zeit war

---

[74] Um nur eines von Sully aus dem Jahre 1893 zu nennen, in dem Freud den Unterschied von manifestem und latentem Trauminhalt vorformuliert sieht: »*It would seem then, after all, that dreams are not the utter nonsense they have been said to be by such authorities as Chaucer, Shakespeare, and Milton. The chaotic aggregations of our night-fancy have a significance and communicate new knowledge. Like some letter in cypher, the dream-inscription when scrutinized closely loses its first look of balderdash and takes on the aspect of a serious, intelligible message. Or, to vary the figure slightly, we may say that, like some palimpsest, the dream discloses beneath its worthless surface-characters traces of an old and precious communication.*« (1900a, S. 152, Anm. 1; in der Originalquelle S. 364.) Oder den von Ernest Jones kolportierten Ausspruch Hughlings Jacksons: »*Find out all about dreams and you will have found out all about insanity*« (1900a, S. 542, Anm. 2).

[75] AaO, S. 267, Anm. 1.

[76] AaO, S. 268, Fortsetzung Anm. 1 von S. 267.

keine Nachricht von diesem Sohn eingetroffen.[77] Der manifeste Trauminhalt stellt den Rückkehrer nicht als einen dar, der »fällt«, sondern als einen, der auf einen Korb »steigt«, um etwas auf einen Kasten zu legen bzw. sich etwas zu holen, freilich auch als einen, der am Kopf verbunden, also verletzt ist. Über die Verknüpfung mit einem eigenen Kindheitsunfall[78] entdeckte Freud bei der Deutungsarbeit in sich selbst den versteckten Impuls: Das geschieht dir recht. Und in radikaler, wahrlich gnadenloser Selbsterforschung konnte er als Motiv für diese gegenläufige Affektregung seinen, des Gealterten Neid auf die Jugend des Sohnes dingfest machen, so daß unverkennbar »gerade die Stärke der schmerzlichen Ergriffenheit, wenn ein solches Unglück [der Kriegstod des Sohnes] sich wirklich ereignete, zu ihrer Linderung eine solche verdrängte Wunscherfüllung aufspürt«. Allein schon das Detail, daß der manifeste Traum die Haare des Sohnes grauschimmernd erscheinen ließ, verriet Freud die beschämende eigene Neidattacke.

Doch konnte er dieses Detail auch mit seinem Schwiegersohn Max Halberstadt in Verbindung bringen, der schwer unter den Traumatisierungen des Fronteinsatzes gelitten hatte und offenbar tatsächlich ergraut war. Und mit ihm ist denn auch noch eine andere solche Kriegseinfügung verknüpft. Es handelt sich um eine Beobachtung Freuds an seinem zwanzig Monate alten träumenden Enkel Ernst, Halberstadts Erstgeborenem, über die er, im sechsten Kapitel, dem Abschnitt über die Affekte im Traum eine Fußnote hinzusetzte: »Das Kind ruft in der Nacht vor dem Tage, an dem sein Vater ins Feld abrücken soll, heftig schluchzend: Papa, Papa – Bebi. Das kann nur heißen: Papa und Bebi bleiben beisammen, während das Weinen den bevorstehenden Abschied anerkennt. Das Kind war damals sehr wohl imstande, den Begriff der Trennung auszudrücken. ›Fort‹ (durch ein eigentümlich betontes, lange gezogenes o o o h ersetzt) war eines seiner ersten Worte gewesen, und es hatte mehrere Monate vor diesem ersten Traum mit all seinen Spielsachen ›fort‹ aufgeführt, was auf die früh gelungene Selbstüberwindung, die Mutter fortgehen zu lassen, zurückging.«[79]

Freud-Leser kennen das Fort-Da-Spiel des Enkels – dort mit der Fadenspule – gewiß eher aus *Jenseits des Lustprinzips*[80], an dessen erstem Entwurf, in gewisser Weise gleichfalls einer Kriegsreplik, Freud bereits im Frühjahr 1919 zu schreiben begonnen hatte. Jedoch gibt es in den Einfügungen von 1919 nicht nur Vorzeichen zukünftiger Werke, darunter auch von *Das Ich und das Es*, sondern, wie bereits angedeutet, ebenso das vielfältige Einweben von Einsichten, die er in der Isolation der Kriegsjahre gewonnen und in den metapsychologischen Abhandlungen von 1915 niedergelegt hatte. Diese Revisionen führten zu einer abermaligen Überarbeitung insbesondere des theoretischen siebten Kapitels, an Gewicht derjenigen von 1914 vergleichbar.

---

[77] AaO, S. 532–34.
[78] Vgl. oben, S. 50, die in die zweite Auflage der *Traumdeutung* eingefügte Information über die wohl von diesem Unfall herrührende Kinnarbe. Das folgende Zitat auf S. 534.
[79] 1900a, S. 445, Fortsetzung Anm. 1.
[80] 1920g, S. 224 ff.

Das kurz vor Kriegsende verfaßte Vorwort zur fünften Auflage ließe derart zahlreiche Eingriffe und Aktualisierungen wiederum kaum erwarten. Freud entschuldigt sich darin, daß das Einarbeiten der seit der letzten Auflage erschienenen Traumliteratur, zumal der fremdsprachigen, infolge des Abgeschnittenseins während der Kriegsjahre nicht möglich sei. Sodann weist er auf seine während des Krieges erschienenen *Vorlesungen zur Einführung in die Psychoanalyse* hin, insbesondere das elf Kollegs umfassende Mittelstück über den Traum. Er sah darin eine elementarere Darstellung als die in der *Traumdeutung* gegebene und hob vor allem die nun engere Verbindung zur Neurosenlehre hervor.[81] Über dem letzten Absatz des Vorworts zur Auflage von 1919 scheint ein resignativer Ton zu liegen. Zugleich hatten die *Vorlesungen* ihn aber offenbar von der quälenden Nötigung befreit, sein Jahrhundertbuch wieder auf den jüngsten psychoanalytischen Wissensstand heben zu müssen. Erstmals spricht er davon, daß der Versuch hierzu dessen »historische Eigenart vernichten würde«, ja er beteuert nun öffentlich, daß es »in nahezu zwanzigjähriger Existenz seine Aufgabe erledigt«[82] habe.

Was an revidierenden Eingriffen in Vorbereitung der fünften Auflage tatsächlich vorgenommen wurde, geht indessen, wie beschrieben, weit darüber hinaus. Zwar finden sich in den ersten vier Kapiteln vergleichsweise wenige Zusätze. Aber danach unternimmt Freud, was er beim Revidieren bisher stets getan hatte: er flicht Hinweise auf seine Erkenntnisfortschritte und die unterdessen erschienenen eigenen Schriften ein, geht gleichsam zwischen letzteren und der *Traumdeutung* hin und her, er gewährt den Materialien seiner Mitarbeiter Raum, soweit sie Kernbegriffe und Schlüsselthesen der *Traumdeutung* inzwischen bereichern konnten[83], pflegt also immer noch den mit der dritten Auflage sich formierenden Kollektivcharakter des Buches, er stellt, nach wie vor streitlustig, Mißverständnisse richtig, beispielsweise die ihm unterstellte Behauptung, alle Träume erforderten eine sexuelle Deutung, kommentiert neueste Traumstudien, anerkennend etwa die experimentelle Forschung von Otto Pötzl zur Rolle der rezenten Sinneseindrücke für die Traumbildung, und bleibt hier wie auch an anderer Stelle neugierig und durchaus zukunftsorientiert, so wenn er im Abschnitt über absurde Träume im Zusammenhang mit der Erörterung von Träumen über Tote sagt: »Aber ich gestehe den Eindruck zu, daß die Traumdeutung Träumen dieses Inhalts noch lange nicht alle ihre Geheimnisse entlockt hat.«[84]

Dem Gewicht dieser Nachkriegsrevision von 1919 entsprechend, erschien die fünfte Auflage wiederum in Neusatz, diesmal in breiterem Satzspiegel mit

---

[81] Insofern repräsentieren diese Traum-Kollegs gewissermaßen den Freud-Part in jenem Plan von 1911 für ein »neues unpersönliches« Buch (siehe oben, S. 53).

[82] 1900a, S. 26.

[83] Beispielsweise einem ihm von Hermine Hug-Hellmuth mitgeteilten langen Kriegstraum, der ihm besonders geeignet schien, seinen Terminus »Traumentstellung« zu rechtfertigen (aaO, S. 159f., Anm. 1).

[84] AaO, S. 418.

größerer Zeilenzahl pro Seite, so daß das Buch insgesamt schlanker wirkt als die zu Kriegsbeginn veröffentlichte vierte Auflage. Entgegen Freuds Erwartung, daß sein Jahrhundertbuch »in nahezu zwanzigjähriger Existenz seine Aufgabe erledigt« habe, entwickelte sich die Nachfrage nun offenbar geradezu stürmisch, so daß unmittelbar nach Erscheinen der fünften Auflage sogleich eine sechste hätte gedruckt werden müssen, was sich aber aufgrund der angespannten Verlags- und Buchhandelslage in der Nachkriegsphase als nicht durchführbar erwies. Auch als 1921 diese sechste Auflage schließlich auf den Markt gelangte, mußte Freud im neuen Vorwort einräumen, daß sie gezwungenermaßen erstmals als nichtrevidierter Abdruck der vorhergehenden Auflage herauskomme – also wohl weil der Verleger die Kosten einer Überarbeitung nicht tragen zu können glaubte. Lediglich das Literaturverzeichnis war von Otto Rank vervollständigt worden. Schon im Jahr darauf, 1922, erschien die nächste, siebte Auflage, diesmal, aus den nämlichen äußeren Gründen, ein gänzlich unveränderter Nachdruck der sechsten.

1925: Revision als Wiederaneignung; Rückkehr zur Urgestalt des Buches

Freuds Revisionsbereitschaft war also durch äußere Hemmnisse vorerst gebremst worden. Unabhängig davon scheint sich jedoch in ihm selbst eine Einstellungsänderung gegenüber der *Traumdeutung* angebahnt zu haben, deren erste Anzeichen schon in der vierten Auflage von 1914 zu erkennen sind, nicht verwunderlich angesichts des nicht verwirklichten, in jenem Brief an Jung geäußerten Plans von 1911 zur Aufgabe der *Traumdeutung*. In der vierten Auflage hatte er im Traummuster-Kapitel nämlich am Ende des Vorberichts zum Traum von Irmas Injektion als Fußnote die Feststellung hinzugefügt: »Es ist dies der erste Traum, den ich einer eingehenden Deutung unterzog«[85] – wie ein Autor, der die Historiographie der eigenen Ideen zu schreiben anfängt. Gewiß könnte man einwenden, die sozusagen historische Bedeutung dieses Traums habe Freud schon in der Erstausgabe in den Kolumnentiteln herausgestellt, ja, 1914 handele es sich bloß um den nüchterneren Ausdruck jener spielerischen Gedenktafel-Phantasie zum Irma-Traum, die er bereits kurz nach Erscheinen des Buchs in einem Brief an Wilhelm Fließ geäußert hatte: »Glaubst Du eigentlich, daß an dem Hause dereinst auf einer Marmortafel zu lesen sein wird:? ›Hier enthüllte sich am 24. Juli 1895 dem Dr. Sigm. Freud das Geheimnis des Traumes.‹«[86] Wie dem auch sei, im Vorwort zur Nachkriegsrevision von 1919 jedenfalls hatte er, wie zitiert, erstmals von der »historischen Eigenart« der *Traumdeutung* gesprochen, als einem offenbar schützenswerten Charakteristikum, das zerstört zu werden drohe, würde er den Text rigoros seinem damals erreichten Wissensstand anpassen.

---

[85] AaO, S. 126, Anm. 1.
[86] 1985c, S. 458.

Dies hätte für die nächste, 1925 vorgelegte Präsentation des Traumbuchs noch viel radikaler gegolten. Hätte er nämlich tatsächlich den Versuch unternommen, die in *Jenseits des Lustprinzips* 1920 vorgelegte neue Fassung der Triebtheorie, der Triebklassifikation und erst recht die in *Das Ich und das Es* von 1923 konzipierte Strukturtheorie systematisch einzuarbeiten, so hätte im Bau des Buchs kaum ein Stein auf dem anderen bleiben können.[87]

Freilich gab es unterdessen auch noch ein lebensgeschichtliches Motiv, eine historisierende Haltung gegenüber dem eigenen Werk einzunehmen: Freud wußte seit 1923, daß er an Krebs litt. Zwar hatten chirurgische Eingriffe das zerstörerische Körpergeschehen vorerst zum Stillstand bringen können; die tragische Nachricht aber war zum Anlaß genommen worden, in dem nach Kriegsende gegründeten Internationalen Psychoanalytischen Verlag eine erste Quasi-Gesamtausgabe des Freudschen Œuvres zu veranstalten: die später insgesamt zwölf Bände umfassenden *Gesammelten Schriften*, die 1924 in großzügiger Ausstattung und Typographie zu erscheinen begannen.

Im Rahmen dieses Editionsvorhabens entschloß sich Freud zu einer andersartigen, gewissermaßen diachronen Präsentation seines Jahrhundertbuchs: in Band II der *Gesammelten Schriften* legte er die *Traumdeutung* in ihrer Urgestalt, also exakt im Wortlaut der Erstausgabe vor; in Band III versammelte er sämtliche Ergänzungen, die im Zuge der bisherigen Revisionen vorgenommen worden waren, und fügte noch einmal eine Fülle neuen Materials hinzu. Ein eigenes, vom Autor gezeichnetes Vorwort gibt es nicht, lediglich in beiden Bänden je einen Vorspann, der die Zweiteilung erläutert und wohl eher den Herausgebern der Edition, Anna Freud und A. J. Storfer, zuzuschreiben ist.

An dieser Stelle sei an den ganz zu Anfang dieses Essays zitierten fanfarenhaften Satz erinnert. Den ›Kurzen Abriß der Psychoanalyse‹, in dem er steht, hat Freud im Oktober/November 1923, in der Rekonvaleszenzzeit nach der ersten großen Krebsoperation, niedergeschrieben, in der Phase der beginnenden Vorbereitungen für die *Gesammelten Schriften*. Kein Zweifel, er wollte seine *Traumdeutung* nun noch einmal genau in der Form zeigen, in der sie einst zur Jahrhundertwende »vor die Welt« getreten war – und mit ihr die Psychoanalyse. So gesehen, ist es berechtigt, von einer Wiederaneignung des Buches durch den *einen* Autor Sigmund Freud zu sprechen. Dieser befreite sein Buch nun von den die Anfangsgestalt verdeckenden Überlagerungen. »[...] der wiederhergestellte Text der ersten Auflage« ist der Ausdruck, den Freud später für diese Präsentation des Jahres 1925 benutzen sollte.[88]

Wie beschrieben, hatten zumal die unzähligen Addenda, die er aus Forschungen und Anregungen seiner Mitarbeiter übernommen hatte, gelegentlich sein Integrationsgeschick überfordert. Doch schüttelte er dieses disparate zusätz-

---

[87] In der letzten Auflage von 1930 ist es dann aus den nämlichen Gründen auch nicht zu einer Einarbeitung der zweiten Angsttheorie von 1926 gekommen.

[88] 1900 a, S. 27.

liche Material nun nicht einfach ab. Er gab es nicht dem Vergessen preis, sondern bewahrte es im dritten Band sorgsam auf, zuweilen versehen mit kurzen Kommentaren. Obwohl die Zusätze nicht datiert sind, mag Freud sich dabei erstmals selbst die Stadien des langen Revisionsprozesses vor Augen geführt haben, dem er sein Jahrhundertbuch in nahezu drei Jahrzehnten unterworfen hatte. Jedenfalls offenbart sich im dritten Band der Patchwork-Charakter des zeitweiligen Kollektivwerks *Traumdeutung* mit sprechender Deutlichkeit – allerdings, dank dieses *Nacheinander*, ohne die Konturen der abgeschirmt in Band II präsentierten Erstfassung zu verwischen.

In einem einzigen Fall freilich hat Freud sich gänzlich vom Textzusatz eines anderen befreit. Am Schluß der aufgezählten Addenda zum sechsten Kapitel heißt es lapidar: »Hier folgten von der vierten Auflage (1914) an zwei Beiträge von Dr. Otto Rank ›Traum und Dichtung‹ und ›Traum und Mythus‹, denen die Aufnahme in eine Sammlung meiner Schriften natürlich versagt bleiben muß.«[89] Was Freud hier nicht erwähnt: 1924 war es über Otto Ranks Buch *Das Trauma der Geburt*, im Grunde über die Stellung der Traumatheorie in der Neurosenätiologie und entsprechende behandlungstechnische Neuerungen, zum Zerwürfnis mit Rank gekommen. Dessen jahrelange verdienstvolle, Freud entlastende Mitarbeit an den Revisionen der *Traumdeutung* wurde dadurch abrupt beendet. Doch ließ sich Freud nicht dazu hinreißen, auch die kleineren Addenda Ranks zu den bisherigen Auflagen der *Traumdeutung* aus Band III der *Gesammelten Schriften* zu verbannen. Freilich setzte er zu der oben, auf Seite 52, erwähnten Fußnote von 1911, in welcher er Rank damals die sexualtheoretische Aktualisierung der Wunscherfüllungstheorie zu überlassen schien, nun, 1925, folgenden harschen Zusatz: »Ich habe an keiner Stelle gesagt, daß ich diese Ranksche Formel zur meinigen gemacht habe. Die kürzere, im Text enthaltene Fassung scheint mir zu genügen. Aber daß ich die Ranksche Modifikation überhaupt erwähnte, hat genügt, um der Psychoanalyse den ungezählte Male wiederholten Vorwurf einzutragen: sie behaupte, *alle Träume haben sexuellen Inhalt.* [...]«[90]

Unbeirrt durch die historisierende Zweiteilung und unabhängig von der quasi-archivalischen Registrierung aller bisherigen Zusätze, revidierte Freud indessen auch in Band III weiter an seiner *Traumdeutung*, allerdings sparsamer als in den früheren überarbeiteten Auflagen. Nicht nur fädelte er immerhin den einen oder anderen kursorischen Hinweis auf seine jüngeren und jüngsten metapsychologischen Positionen ein[91], er fügte auch, ohne Ranks Hilfe, einige

---

[89] *Gesammelte Schriften*, Bd. 3, S. 150. Die Rank-Beiträge sind auch in der nächsten, der achten Auflage nicht mehr enthalten, worauf Freud im betreffenden Vorwort hinweist (1900a, S. 28).

[90] 1900a, S. 175, Anm. 1.

[91] AaO, beispielsweise S. 516, Anm. 1, oder S. 578, Anm. 1; aber auch im weiter unten erwähnten ›Zusatzkapitel‹ zum Schluß der *Traumdeutung*, welches zumal in seinem mittleren Abschnitt allerlei strukturtheoretische Aktualisierungen enthält.

Literaturergänzungen hinzu, zumal wiederum im Abschnitt über ›Die Darstellung durch Symbole im Traume‹. Zu seiner Feststellung, daß das, was heute symbolisch verbunden ist, in Urzeiten mutmaßlich durch begriffliche und sprachliche Identität vereint gewesen sei, konnte er nun auf die Hypothese des Sprachforschers Hans Sperber verweisen, »daß die Urworte sämtlich sexuelle Dinge bezeichneten und dann diese sexuelle Bedeutung verloren, indem sie auf andere Dinge und Tätigkeiten übergingen, die mit den sexuellen verglichen wurden«; und mit Genugtuung berichtete er von Versuchen, die der junge Heinz Hartmann, zusammen mit Stefan Betlheim, unterdessen mit Patienten unternommen hatte, die an Korsakoffscher Psychose litten: ihnen waren von den beiden Forschern Geschichten grob sexuellen Inhalts erzählt worden, und bei der geforderten Wiedergabe des Erzählten benutzten die in ihrer Merkfähigkeit für rezente Eindrücke eingeschränkten Patienten zur Entstellung, die ihnen nicht bewußt war, konfabulierend genau die aus der Traumdeutung bekannten Symbole, beispielsweise Messer für Penis oder Stiegensteigen für Koitus.[92]

In weiteren Zusätzen betonte Freud, Stekels Beiträge erneut würdigend, noch einmal die Beachtung der symbolischen Elemente des Trauminhalts als zweiter, als einer Hilfsmethode des Traumdeutens, neben der Nutzung der Assoziationen des Träumers. In einem nun neu verfaßten eigenen Textstück mahnte er freilich zugleich zur Vorsicht hinsichtlich spontaner, auf bloßer Anmutung fußender Symbolübersetzungen. Und hier erfolgte dann eine deutliche Distanzierung von Stekels Vorgehensweise, dessen Kunst der Intuition, »die Symbole unmittelbar zu verstehen«, »als wissenschaftlich unzuverlässig zu verwerfen«[93] sei. Aber auch an eigenen Traumdeutungen werden nun Zweifel geäußert.[94]

Ermahnungen und Selbstermahnungen, Zweifel und Selbstzweifel. Diese Revision als rückblickende Wiederaneignung des Traumbuchs erinnert in manchen Zügen an die von 1909; denn einige der Veränderungen, die Freud 1925 vorgenommen hat, sind wiederum intimer Natur. Hatte er zum Haupttext, in dem davon die Rede ist, daß er seiner Rom-Sehnsucht wohl noch lange nur in Träumen Befriedigung zu verschaffen vermöge, 1909 die verallgemeinernd-vage Anmerkung hinzugefügt: »Ich habe seither längst erfahren, daß auch zur Erfüllung solcher lange für unerreichbar gehaltenen Wünsche nur etwas Mut erfordert wird«, so ergänzte er nun diese Fußnote durch das unzweideutige Bekenntnis: »und bin dann ein eifriger *Rom*pilger geworden«.[95] Er räumte ein, sein »ungebetener« Biograph Fritz Wittels habe das Motiv für die Fehlleistung, daß er in der *Traumdeutung* den Spruch auf dem Kaiser-Josef-Denkmal in der

---

[92] AaO, S. 347, Anm. 1, und S. 376 f.
[93] AaO, S. 345.
[94] Beispielsweise aaO, S. 56, Zusatz zur Anm. 1, oder S. 341, Anm. 1.
[95] AaO, S. 205, Anm. 1.

Wiener Hofburg in bezug auf ein bestimmtes Wort – »patriae« statt, richtig, »publicae« – irrtümlich zitierte, wohl zutreffend erraten.[96]

Als ganz neuen Schluß seines Jahrhundertbuchs hat Freud dann 1925 im dritten Band seiner *Gesammelten Schriften* ein mehrseitiges ›Zusatzkapitel‹ hinzuformuliert. Es besteht aus drei Abschnitten: ›Die Grenzen der Deutbarkeit‹, ›Die sittliche Verantwortung für den Inhalt der Träume‹ und ›Die okkulte Bedeutung des Traumes‹. Im Schlußabschnitt werden zwei Kategorien von Träumen untersucht, die den okkulten Phänomenen zuzurechnen seien, die prophetischen und die telepathischen; beide freilich stießen, so Freud, auf »die hartnäckige Abneigung, wenn man will, das Vorurteil der Wissenschaft«[97]. Erstere verwirft Freud selbst. Über die zweite allerdings fügt er eine Reihe fesselnder Überlegungen aneinander, hinter denen unverkennbar schon das Konzept der projektiven Identifikation durchschimmert und die er mit dem Satz abschließt: »Man möchte gerne mit Hilfe der Psychoanalyse mehr und besser Gesichertes über die Telepathie erfahren« – womit seine *Traumdeutung* im besten Sinne kreativer wissenschaftlicher Neugier ein offenes Buch geblieben wäre.

In der 1930 erschienenen achten Auflage, der Ausgabe letzter Hand, aber wurde dieser neue – fragende – Ausklang unterdrückt. Statt dessen begegnet der Leser wie bisher dem spröden Schlußabsatz der Erstausgabe, der so beginnt: »Und der Wert des Traums für die Kenntnis der Zukunft? Daran ist natürlich nicht zu denken.« Das Zusatzkapitel der Auflage von 1925 hingegen wurde erst 1952, nach Freuds Tod, am Ende von Band 1 in den *Gesammelten Werken*, der Exiledition, außerhalb der Chronologie, gleichsam als Anhängsel, nachgedruckt[98] – ohne daß die Querverweise, welche die Zugehörigkeit des Texts zum Traumbuch unübersehbar signalisieren, gelöscht worden wären. James Strachey hat die Vermutung geäußert, Ernest Jones habe Freud dazu überredet, auf das neue Zusatzkapitel als Schlußteil seines Opus magnum zu verzichten, weil das im dritten Abschnitt unbekümmert geäußerte Interesse für die Phänomene der

---

[96] AaO, S. 410, Anm. 1. Wittels' Deutung, die Freud dem Leser freilich vorenthält, lautet: »Wenn ich den Nichtlateinern verrate, daß *Publica* (sc. *puella*) eine Straßendirne oder ein *Freud*-enmädchen bedeutet, und hinzufüge, daß *Josef* Breuer sich von den Freudschen Forschungen gerade damals abzuwenden begann, weil er die Übersiedelung ins Sexuelle nicht mitmachen wollte, so dämmert uns schon, was diese Fehlleistung aufklärt. Auch werden wir die irrtümliche Verwendung von *patria* aus dem Gesichtspunkt des Mannes zu beurteilen haben, der selbst erklärt, daß sein Buch ›Traumdeutung‹ die Reaktion auf den Tod seines Vaters gewesen sei. Außerdem: Freuds Lehre bereitet eine Befreiung der Liebe aus uralten Fesseln vor. Von seinen Zeitgenossen wird er deshalb vielfach getadelt. *Saluti publicae vivis!* Freud ist aber ein Bürger, der gern in Frieden leben und sterben möchte. Auch die französischen Aufklärer sind vor der Revolution gestorben; Martin Luther vor dem Dreißigjährigen Krieg.« (Wittels, 1924, S. 87.)
[97] *Gesammelte Schriften*, Bd. 3, S. 181. Das folgende Zitat S. 184.
[98] 1925 i.

Telepathie der wissenschaftlichen Respektabilität der Psychoanalyse abträglich sein könnte.[99]

1930: Letzte Revision; Abschiedsgesten

Die letzte zu Freuds Lebzeiten erschienene Ausgabe der *Traumdeutung*, die achte Auflage, wurde 1930 veröffentlicht, wieder vom Verlag Franz Deuticke, in Neusatz und diesmal, ähnlich wie in den *Gesammelten Schriften*, in klarerer, großzügigerer typographischer Gestaltung. Es wurde freilich nicht nur das Zusatzkapitel fortgelassen, sondern auch die innovative Zweiteilung aufgegeben, zugunsten einer erneut die Zusätze integrierenden einbändigen Präsentation. Es ist dies der Wortlaut, der auch heute noch die verbindliche Grundlage für das Studium des Jahrhundertbuchs bildet. Im Vorwort spricht der Autor zunächst von den zahlreichen Übersetzungen, die inzwischen erschienen waren, sichtlich mit Stolz. Danach erklärt er, programmatisch, er habe bei dieser Revision die *Traumdeutung* wiederum »im wesentlichen als historisches Dokument«[100] behandelt. Und diesmal hielt er sich auch an diesen Vorsatz. Angesichts der geringen Zahl knapper Addenda, der mit weitem Abstand geringsten im Vergleich zu den anderen revidierten Auflagen, kann man in der Tat den Eindruck gewinnen, Freud empfinde sein Traumbuch nun als der Vergangenheit zugehörig, verabschiede sich gleichsam von ihm.

Entsprechend erklärte er im Vorwort, daß er es endgültig aufgegeben habe, die nach Publikation der Erstausgabe erschienene Literatur zur Traumforschung zu berücksichtigen, ja entsprechende Abschnitte früherer Auflagen seien nun fortgelassen worden. Dies bezieht sich offensichtlich auf den bibliographischen Anhang, der in der Auflage von 1930 gegenüber demjenigen der Auflage von 1922 vereinfacht und verkürzt wurde, und zwar im Abschnitt B, welcher sich eben auf die Literatur bezieht, die nach 1900 herauskam.[101]

Zwar hatte Freud im Vorwort angekündigt, er habe nur solche Änderungen vorgenommen, die ihm »durch die Klärung und Vertiefung meiner eigenen

---

[99] Strachey, 1961, S. 126. Diese Hypothese mag zutreffen. Es ist bekannt, daß Jones immer wieder im Sinne diplomatischer Kompromißwilligkeit intervenierte (vgl. z. B. Grubrich-Simitis, 1993, S. 225 ff.).

[100] 1900a, S. 27.

[101] Der in der Auflage von 1922 noch enthaltene, nach inhaltlichen Kategorien gegliederte Literatur-Abschnitt C entfiel als eigene Rubrik. In der Ausgabe von 1925 im Rahmen der *Gesammelten Schriften* beschränkt sich in Band II der bibliographische Anhang übrigens konsequent auf das Literaturverzeichnis der Erstausgabe, und in Band III findet sich die lapidare Erklärung: »In den späteren Auflagen dieses Buches ist der Versuch gemacht worden, die Literatur bis zum jeweiligen Datum des Erscheinens fortzuführen. Ich habe aber hier darauf verzichtet. Bekanntlich hat seit dem Bekanntwerden der ›Traumdeutung‹ die Literatur über den Traum (besonders die analytische) eine große Bereicherung erfahren.« (Dort S. 185.)

Meinungen nahegelegt waren«[102], und dadurch im Leser immerhin die Erwartung einiger bedeutsamer theoretischer Aktualisierungen wecken können. Dergleichen suchte man indessen vergebens – bis auf den kursorischen Fußnoten-Hinweis im Kontext der Strafträume: »Hier ist die Stelle für die Einfügung des später von der Psychoanalyse erkannten Über-Ichs«[103], den er freilich schon 1925 hätte einschalten können und der nun bloß ein Fingerzeig ist, jedenfalls keine tiefergehende Einlassung. Oder könnte die besagte Klärung der eigenen Meinungen sich auch auf die Masséna-Passage bezogen haben, in der er schon in der Erstausgabe beschrieben hatte, wie seine Kindheitslektüre von Thiers' *Konsulat und Kaiserreich* ihn einst dazu bewog, den Marschall Masséna zu seinem Heros zu küren, und der er nun, 1930, die Anmerkung hinzufügen mußte, daß die im Haupttext vermutete jüdische Abstammung des Kindheitsidols bezweifelt werde?[104]

Zum Schluß sei des Lesers Aufmerksamkeit auf einen scheinbar minimalen Revisionseingriff gelenkt, durch den nichts hinzugefügt, nichts weggelassen, sondern lediglich die Position eines Textstücks verändert wird. Eine Passage, die in der Kriegsrevision von 1919 als Fußnote dazukam, wird jetzt von Freud ins grellere Licht des Haupttexts gerückt: es ist der oben erwähnte Abschnitt mit dem Traum von der Rückkehr des Sohnes von der Front, in dem er, der Vater, in schonungsloser Selbstanalyse seinen Neid auf dessen Jugend, ja seine unterdrückten Todeswünsche gegenüber dem eigenen Kinde herausgearbeitet und gut kenntlich dargestellt hat. Vielleicht war dieser Eingriff ja so etwas wie eine Abschiedsgeste: als wollte Freud ein letztes Mal auf den Hauptweg hinweisen, auf dem ihm Ende des vergangenen Jahrhunderts die in der *Traumdeutung* aufbewahrten Erkenntnisse glückten: radikale Selbsterforschung, und als wollte er in paradigmatischer Zuspitzung abermals die Konturen des Menschenbildes aufzeigen, die sich ihm in Jahrzehnten psychoanalytischer Arbeit ergeben hatten und die er auch in sich selbst hatte feststellen müssen: aller zivilisatorischen Anstrengung zum Trotz – ein wenig schmeichelhaftes, zutiefst tragisches, von unentrinnbarer destruktiver Ambivalenz zerrissenes Bild, das freilich zur Katastrophengeschichte des zu Ende gehenden zwanzigsten Jahrhunderts besser zu passen scheint als jede optimistischere Version.

III. Im Rückblick

Wie hat Freud selbst seine *Traumdeutung* eingeschätzt? In handwerklicher Hinsicht hat sie ihm, dem großen Schriftsteller, nicht gefallen. Schon bald nach Beendigung der Niederschrift übte er Fließ gegenüber harsche Stilkritik: »Es

---

[102] 1900a, S. 28.
[103] AaO, S. 532, Anm. 1.
[104] AaO, S. 208, Anm. 2.

steckt auch in mir irgendwo ein Stück Formgefühl, eine Schätzung der Schönheit als einer Art der Vollkommenheit, und die gewundenen, auf indirekten Worten stolzierenden, nach dem Gedanken schielenden Sätze meiner Traumschrift haben ein Ideal in mir schwer beleidigt. Ich tue auch kaum unrecht, wenn ich diesen Formmangel als ein Zeichen fehlender Stoffbeherrschung auffasse. [...] Der Trost liegt in der Notwendigkeit; es ist eben nicht besser gegangen.«[105]
Wohlgemerkt, diese Kritik galt schon der Erstausgabe, nicht erst den überwucherten späteren Auflagen. Und sie kam nicht von ungefähr: die *Traumdeutung* ist, ungeachtet unzähliger unvergeßlicher sprachgewaltiger Passagen und vieler geglückter kontrapunktischer Konstellationen wie des Übergangs vom »Dornengestrüpp« des Literatur-Kapitels zur leuchtenden Transparenz des Traummusters, insgesamt nicht ein im herkömmlichen Sinne schönes, eher ein wildes, nicht ein kompositorisch in allen Abschnitten sorgsam durchgearbeitetes Buch. Kurze Kapitel stehen neben solchen von fast Buchlänge; sehr lange Absätze wechseln sich mit gelegentlich nur aus einem einzigen Satz bestehenden ab – eben der vom Autor benannten »Notwendigkeit« gehorchend, was wohl heißen sollte, aus dem Kampf mit der erdrückenden Komplexität des Forschungsgegenstandes hervorgegangen.

Die formalen Ungereimtheiten des Buches mögen es Freud erleichtert haben, es seinen Mitarbeitern zu öffnen. Bei jedem penibler ausgefeilten Text hätte er sich hinsichtlich des Buchschlusses wahrscheinlich nicht dreinreden lassen. Seine schriftstellerische Selbstkritik hat sich auch später nicht ermäßigt. Nie täuschte er sich oder seine Leser darüber hinweg, daß die Lektüre mühselig sei. In der Gradiva-Studie, die ja auch von den Träumen handelt, hatte er den Satz wiederholt, daß der Traum eine Wunscherfüllung sei, und angefügt: »Wer sich nicht scheut, ein schwieriges Buch durchzuarbeiten, wer nicht fordert, daß ein verwickeltes Problem zur Schonung seiner Bemühung und auf Kosten von Treue und Wahrheit ihm als leicht und einfach vorgehalten werde, der mag in der erwähnten *Traumdeutung* den weitläufigen Beweis für diesen Satz aufsuchen [...].«[106]

Dieser unbestechlichen formalen Kritik an seinem Opus magnum stand eine gleichfalls lebenslang unerschüttert gebliebene Hochschätzung der darin mitgeteilten Inhalte gegenüber. Es sei ein letztes Mal an das Eingangszitat erinnert, in welchem Freud das Erscheinen der *Traumdeutung* schlechterdings mit der Geburt der Psychoanalyse in eins setzt.[107] Jedenfalls hatte er wiederum kurz nach der Veröffentlichung Fließ gegenüber erklärt: »In vielen trüben Stunden ist

---

[105] 1985c, S. 410.
[106] 1907a [1906], S. 13. Vgl. auch 1905e [1901], S. 90.
[107] Daß vieles genuin Psychoanalytische – Unbewußtes, Abwehr, Verdrängung, Widerstand, sogar Übertragung, Grundelemente der Behandlungstechnik usw. – bereits früher entwickelt worden war, zumal in den gemeinsam mit Josef Breuer verfaßten *Studien über Hysterie*, gerät in dieser Pointierung freilich aus dem Blick (vgl. Grubrich-Simitis, 1995).

es mir zum Trost geworden, dies Buch hinterlassen zu können.«[108] Und noch 1931 schrieb er im Vorwort zur dritten Auflage der englischsprachigen Ausgabe unumwunden: »It contains, even according to my present-day judgement, the most valuable of all the discoveries it has been my good fortune to make. Insight such as this falls to one's lot but once in a lifetime.«[109] In Schriften aus ganz verschiedenen Lebensphasen kommt dies wieder und wieder zum Ausdruck. Die Traumdeutung, als Methode wie als Buch, wird als »der Grundstein der psychoanalytischen Arbeit«[110] bezeichnet. Dank der Entdeckung der unbewußten Mechanismen, Verdichtung, Verschiebung, sekundären Bearbeitung usw., die das Studium der Traumarbeit geleistet habe, sei uns allererst »zum Verständnis der rätselhaften Symptombildungen«[111] verholfen worden. Umgekehrt bezeichne die Traumlehre aber auch den Wendepunkt, an dem sich die Erweiterung der Psychoanalyse von einem psychotherapeutischen Verfahren zu einer allgemeinen Tiefenpsychologie, einer »neuen und gründlicheren Seelenkunde« vollzogen habe; »der Weg ins Weite, zum Weltinteresse«[112] sei ihr eröffnet worden. Und schließlich: »Die Traumlehre ist seither auch das Kennzeichnendste und Eigentümlichste der jungen Wissenschaft geblieben, etwas wozu es kein Gegenstück in unserem sonstigen Wissen gibt«, ein »Schibboleth«.[113]

Ein Ton von Dankbarkeit gegenüber dem Traumdeuten, der *Traumdeutung* schwingt in manchen dieser Formulierungen unüberhörbar mit: »Mir selbst war sie ein sicherer Anhalt in jenen schweren Zeiten, da die unerkannten Tatbestände der Neurosen mein ungeübtes Urteil zu verwirren pflegten. So oft ich auch an der Richtigkeit meiner schwankenden Erkenntnisse zu zweifeln begann, wenn es mir gelungen war, einen sinnlos verworrenen Traum in einen korrekten und begreiflichen seelischen Vorgang beim Träumer umzusetzen, erneuerte sich meine Zuversicht, auf der richtigen Spur zu sein.«[114]

Die unverbrüchliche Wertschätzung Freuds für seine *Traumdeutung*, sein gleichsam zärtlicher Umgang mit ihr ist ja nicht zuletzt an der Beharrlichkeit zu erkennen, mit der er zeitlebens auf seiner Via regia weitergegangen ist. Die lange Reihe von Freuds separaten Traum-Schriften beginnt tatsächlich unmittelbar nach Publikation des Jahrhundertbuchs und endet kurz vor seinem Tode. In jenem Brief vom 5. November 1899 an Fließ, mit dem er ihm das Erscheinen der *Traumdeutung* verkündete, teilte er zugleich mit, daß er nun verstanden habe, wie Ahnungsträume entstünden und was sie bedeuteten.[115] Wer die aus diesem

---

[108] 1985c, S. 444.
[109] 1900a, S. 28.
[110] 1913j, S. 396.
[111] 1940a [1938], S. 94.
[112] 1925d [1924], S. 73.
[113] 1933a [1932], S. 451.
[114] AaO.
[115] 1985c, S. 420.

Nachdenken hervorgegangene kleine Studie ›Eine erfüllte Traumahnung‹[116] liest, kann den Eindruck gewinnen, Freud habe sozusagen ohne Atempause am letzten Absatz des Traumbuchs weitergeschrieben. Und noch in der abschließenden Zusammenfassung seines Lebenswerks, im *Abriß der Psychoanalyse*, heißt ein Kapitel ›Erläuterung an der Traumdeutung‹.[117]

Es gibt bekanntlich eine stattliche Reihe größerer Werke, in denen dieser Königsweg die Textlandschaft und auch die Richtung des analytischen Arbeitens bestimmt, zumal die Falldarstellungen der Dora und des Wolfsmanns[118] sowie, wie erwähnt, die Gradiva-Studie[119] und in gewisser Weise auch die große einführende Vorlesungsreihe[120]. Kürzere Abhandlungen, die einzelnen in der *Traumdeutung* aufgefächerten Themen nachgehen[121], muten wie ein exterritoriales Weiterarbeiten an, durch das Freud sich allmählich nicht zuletzt von der selbstauferlegten Verpflichtung befreite, jegliche Weiterentwicklung seines Denkens in die nächste Auflage des Traumbuchs eintragen, gegebenenfalls hineinzwingen zu müssen. In diesen separaten Texten konnte er sogleich auf dem jeweils fortgeschrittensten klinischen und theoretischen Niveau losschreiben, ohne sich um Einfügung in überholte Passagen des Traumbuchs kümmern zu müssen.[122]

Es ist natürlich kein Zufall, daß Freud die späte *Neue Folge* seiner einführenden Vorlesungen mit einer ›Revision der Traumlehre‹ begonnen und noch einmal eine gedrängte Darstellung der Tragweite und Tiefe seiner um die Jahrhundertwende gewonnenen Einsichten in Dynamik und Gesetzmäßigkeiten des unbewußten Denkens während des Schlafzustands gegeben hat. Am Schluß ermäßigte er seine Formel: »der Traum ist eine Wunscherfüllung« jedoch zu dem Satz: »der Traum ist der *Versuch* einer Wunscherfüllung«[123] – in dem Bestreben, Einwendungen gegen die Wunscherfüllungstheorie, die sich vor allem aus der Behandlung von Schwertraumatisierten ergeben hatten, zu begegnen. Solche Patienten würden vom Traum regelmäßig in die höchst unlustvolle traumatische Situation zurückversetzt. Es komme zu schlafstörender Angstentwicklung; man müsse geradezu von einem Versagen der Funktion des Traumes sprechen. Obwohl Freud hier noch nicht den zwanghaften Drang der Traumatisierten beschreibt, im Traum wieder und wieder einen kurativen Bewältigungsversuch zu unternehmen, werden hier Themen skizziert, die in der Traumfor-

---

[116] 1941c; das Manuskript trägt das Datum des 10. November 1899.
[117] 1940a [1938], S. 87 ff.
[118] 1905e [1901] und 1918b [1914].
[119] 1907a [1906].
[120] 1916–17 [1915–17].
[121] Beispielsweise 1911e, 1916–17f [1915], 1922a.
[122] Bei einer dritten Gruppe von kleineren Arbeiten signalisieren hingegen schon die Titel die direkte Zugehörigkeit zur *Traumdeutung*: 1911a, 1923c [1922] und, wie beschrieben, 1925i.
[123] 1933a [1932], S. 470f.

schung der modernen Psychoanalyse, soweit sie sich in Verbindung mit der Traumaforschung vollzieht, im Brennpunkt stehen. Es sind dies aber auch Themen, die Freud von früh an, zuweilen wie ein irritierender Fremdkörper, umgetrieben hatten, sogar im Prozeß der Revision seiner *Traumdeutung*, etwa die Frage, inwieweit in der frühen Kindheit erlittene, der Amnesie anheimgefallene Traumen in Träumen wiederkehren und auf diesem Wege erkannt und bearbeitet werden könnten.[124]

In der nämlichen neuen Vorlesung diagnostizierte er, Anfang der dreißiger Jahre, bedauernd allerdings auch einen deutlichen Rückgang des Interesses am Traum, was nicht zuletzt am Versiegen der entsprechenden psychoanalytischen Literatur zu erkennen sei. Die Psychoanalytiker benähmen sich, als sei die Traumforschung abgeschlossen. Die Prognose für die zukünftige Entwicklung seiner Methode des Traumdeutens schien ihm also, ungeachtet der eigenen unverminderten Hochschätzung, wohl nicht günstig.

Die Frage, ob er damit recht behalten hat, steht auf einem anderen Blatt. Sicher ist, daß die psychoanalytische Traumforschung und die Technik des Traumdeutens seither in vielfältiger Richtung weiterentwickelt wurden.[125] Vor allem hat die Arbeit mit psychotischen und Borderline-Patienten und der Umgang mit deren Denkstörungen zu einer tiefgreifenden Erweiterung unseres Verständnisses für Entwicklung und Bedeutung der Symbolisierungsfähigkeit geführt – nun gemeint im primären Sinne des Vermögens zur Bildung psychischer Repräsentanzen –, mit vielfältigen Rückwirkungen auf die psychoanalytischen Auffassungen vom Traum und vom Träumen. Vielleicht kann man sagen, daß Freuds Erwartung insofern nicht ganz fehlging, als die Arbeit an den Träumen, die Methode des Traumdeutens im Behandlungsprozeß selbst nicht mehr die hochgradig privilegierte Position einnimmt, die er ihr einst zubilligte, und das Interesse für Traumsymbolik und Symbolübersetzungen tatsächlich erlahmte. Gewiß ist, daß Träume heute zumeist weitaus enger mit dem Übertragungs-Gegenübertragungs-Geschehen verknüpft werden als am Jahrhundertbeginn, ja man faßt sie zuweilen geradezu als intersubjektive Hervorbringungen des Zusammenspiels zwischen Analytiker und Analysand auf und deutet sie dementsprechend[126].

Nun ist gewiß nicht alles Spätere, nur weil es später ist, besser als Früheres. Daß das in der nun hundertjährigen *Traumdeutung* enthaltene Anregungspotential für die moderne Traumforschung tatsächlich noch längst nicht ausgeschöpft ist, scheint neuerdings besonders klar von den Neurowissenschaftlern erkannt zu werden.[127] Aber auch von Freuds psychologischer Beobachtungsschärfe und Verstehenslust hinsichtlich des einzelnen Traumgespinsts mit seiner

---

[124] Siehe oben, S. 49, Anm. 57. Vgl. auch 1920f, S. 622f.
[125] Für einen Überblick vgl. Beland, 1991.
[126] Vgl. z. B. Ogden, 1997, S. 135ff.
[127] Vgl. den folgenden Essay von Mark Solms.

auf komplizierten regressiven Entstellungswegen zustande gekommenen Bildergrammatik, sozusagen als eines monadischen Zeichenphänomens, erschaffen vom individuellen Träumer in seinem nächtlichen Abgewandtsein von der Außenrealität, können wir noch immer Neues lernen. Freuds Text verkörpert in seinen Detailmyriaden einen Grad an analytischer Differenziertheit, der heute mehr und mehr in Vergessenheit geraten ist – wie wohl auch das Jahrhundertbuch selbst.

Zwar ist die *Traumdeutung*, jedenfalls im deutschsprachigen Raum, das mit Abstand am meisten gekaufte Werk des Œuvres.[128] Man wird desungeachtet davon ausgehen können, daß es zu den am seltensten gelesenen, zu den unbekanntesten zählt. Mit dem vorliegenden Reprint der Erstausgabe erscheint es zum Ausklang des Säkulums nun noch einmal in seiner Urgestalt, wodurch sich dem geneigten Leser, möglichst in Verbindung mit den *Briefen an Wilhelm Fließ*, die Gelegenheit für eines der großen Lektüreabenteuer bietet, die man – auch im einundzwanzigsten Jahrhundert – in einem Menschenleben unternehmen kann.

---

[128] Laut Auskunft des S. Fischer Verlags.

Bibliographie

Anzieu, D. (1988[1959]) *L'auto-analyse de Freud et la découverte de la psychanalyse.* (3., überarb. Aufl.; 1. Aufl. 1959.) Paris: Presses Universitaires de France.

Beland, H. (1991) ›Nachwort‹ zu S. Freud, *Die Traumdeutung.* Frankfurt am Main: Fischer Taschenbuch Verlag, S. 629–654.

Bernfeld, S. (1981[1946]) ›Ein unbekanntes autobiographisches Fragment von Freud‹. In: S. Bernfeld und S. Cassirer Bernfeld, *Bausteine der Freud-Biographik*, übers. und eingel. von I. Grubrich-Simitis. Frankfurt am Main: Suhrkamp, S. 93–111.

Betlheim, S., und H. Hartmann (1924) ›Über Fehlreaktionen des Gedächtnisses bei der Korsakoffschen Psychose‹. *Arch. Psychiat. Nervenkr.*, Bd. 72, S. 278–286.

Freud, S. (1891b) *Zur Auffassung der Aphasien.* Leipzig und Wien: Franz Deuticke. (Neuausgabe: Frankfurt am Main: Fischer Taschenbuch Verlag 1992.) (Die kursivierten Buchstaben hinter den Jahreszahlen der Freud-Eintragungen entsprechen der *Freud-Bibliographie mit Werkkonkordanz*, bearbeitet von I. Meyer-Palmedo und G. Fichtner. Frankfurt am Main 1989, 2., überarb. und erw. Aufl. 1999. Freud-Werke werden nach der *Studienausgabe* zitiert, sofern sie dort enthalten sind, andernfalls nach den *Gesammelten Werken/G. W.*)

- (1895d) (zusammen mit J. Breuer) *Studien über Hysterie. G. W.*, Bd. 1, S. 75–312, und *G. W.*, Nachtragsband, S. 217–310.
- (1899a) ›Über Deckerinnerungen‹. *G. W.*, Bd. 1, S. 531–554.
- (1900a) *Die Traumdeutung.* Leipzig und Wien: Franz Deuticke. *Studienausgabe*, Bd. 2.
- (1901b) *Zur Psychopathologie des Alltagslebens. G. W.*, Bd. 4.
- (1905c) *Der Witz und seine Beziehung zum Unbewußten. Studienausgabe*, Bd. 4, S. 13–219.
- (1905d) *Drei Abhandlungen zur Sexualtheorie. Studienausgabe*, Bd. 5, S. 43–145.
- (1905e [1901]) ›Bruchstück einer Hysterie-Analyse‹. *Studienausgabe*, Bd. 6, S. 87–186.
- (1907a [1906]) *Der Wahn und die Träume in W. Jensens ›Gradiva‹. Studienausgabe*, Bd. 10, S. 13–83.
- (1911a) ›Nachträge zur Traumdeutung‹. *G. W.*, Nachtragsband, S. 604–611.
- (1911e) ›Die Handhabung der Traumdeutung in der Psychoanalyse‹. *Studienausgabe*, Ergänzungsband, S. 151–156.
- (1912–13a) *Totem und Tabu. Studienausgabe*, Bd. 9, S. 291–444.
- (1913j) ›Das Interesse an der Psychoanalyse‹. *G. W.*, Bd. 8, S. 389–420.
- (1914d) ›Zur Geschichte der psychoanalytischen Bewegung‹. *G. W.*, Bd. 10, S. 43–113.
- (1916–17a [1915–17]) *Vorlesungen zur Einführung in die Psychoanalyse. Studienausgabe*, Bd. 1, 37–445.
- (1916–17f [1915]) ›Metapsychologische Ergänzung zur Traumlehre‹. *Studienausgabe*, Bd. 3, 179–191.

- (1918b [1914]) ›Aus der Geschichte einer infantilen Neurose‹. *Studienausgabe*, Bd. 8, S. 129–231.
- (1920f) ›Ergänzungen zur Traumlehre‹. *G. W.*, Nachtragsband, S. 622f.
- (1920g) *Jenseits des Lustprinzips. Studienausgabe*, Bd. 3, S. 217–272.
- (1922a) ›Traum und Telepathie‹. *G. W.*, Bd. 13, S. 165–191.
- (1923b) *Das Ich und das Es. Studienausgabe*, Bd. 3, S. 282–325.
- (1923c [1922]) ›Bemerkungen zur Theorie und Praxis der Traumdeutung‹. *Studienausgabe*, Ergänzungsband, S. 259–270.
- (1923f) ›Josef Popper-Lynkeus und die Theorie des Traumes‹. *G. W.*, Bd. 13, S. 357–359.
- (1924f [1923]) ›Kurzer Abriß der Pychoanalyse‹. *G. W.*, Bd. 13, S. 405–427.
- (1925d [1924]) »*Selbstdarstellung*«. *G. W.*, Bd. 14, S. 31–96.
- (1925i) ›Einige Nachträge zum Ganzen der Traumdeutung‹. *G. W.*, Bd. 1, S. 561–573.
- (1926d [1925]) *Hemmung, Symptom und Angst. Studienausgabe*, Bd. 6, S. 233–308.
- (1932c) ›Meine Berührung mit Josef Popper-Lynkeus‹. *G. W.*, Bd. 16, S. 261–266.
- (1933a [1932]) *Neue Folge der Vorlesungen zur Einführung in die Psychoanalyse. Studienausgabe*, Bd. 1, S. 449–608.
- (1940a [1938]) *Abriß der Psychoanalyse. G. W.*, Bd. 17, S. 63–138.
- (1941c [1899]) ›Eine erfüllte Traumahnung‹. *G. W.*, Bd. 17, S. 21–23.
- (1950c [1895]) ›Entwurf einer Psychologie‹. *G. W.*, Nachtragsband, S. 387–477.
- (1974a [1906–13]) Sigmund Freud/C. G. Jung, *Briefwechsel*. Hrsg. von W. McGuire und W. Sauerländer. Frankfurt am Main: S. Fischer.
- (1985c [1887–1904]) *Briefe an Wilhelm Fließ 1887–1904*. (Die Edition erschien zuerst in englischer Übersetzung.) Hrsg. von J. M. Masson. Bearbeiter der deutschen Fassung M. Schröter, Transkription von G. Fichtner. Frankfurt am Main 1986: S. Fischer (2. Aufl., mit Errata und Addenda, 1999).

Grubrich-Simitis, I. (1993) *Zurück zu Freuds Texten; Stumme Dokumente sprechen machen*. Frankfurt am Main: S. Fischer.

- (1995) ›Urbuch der Psychoanalyse‹. *Psyche*, Bd. 49, S. 1117–1155.

»Lynkeus« [J. Popper] (1899) *Phantasien eines Realisten*. Dresden: Carl Reissner.

Nunberg, H., und E. Federn (Hrsg.) (1976, 1977, 1979, 1981) *Protokolle der Wiener Psychoanalytischen Vereinigung*. 4 Bde. Frankfurt am Main: S. Fischer.

Ogden, Th. H. (1997) *Reverie and Interpretation*. Northvale, N. J., London: Jason Aronson.

Rank, O. (1924) *Das Trauma der Geburt und seine Bedeutung für die Psychoanalyse*. Leipzig, Wien, Zürich: Internationaler Psychoanalytischer Verlag.

Strachey, J. (1961) ›Editor's Note‹ zu ›Some Additional Notes on Dream-Interpretation as a Whole‹. *Standard Edition*, Bd. 19, S. 125f.

- (1972 [1953]) ›Editorische Einleitung‹ zur *Traumdeutung. Studienausgabe*, Bd. 2, S. 13–19.

Sully, J. (1893) ›The Dream as a Revelation‹. *Fortnightly Rev.*, Bd. 53 (New Series), S. 354–365.

Wittels, F. (1924) *Sigmund Freud; Der Mann, die Lehre, die Schule*. Leipzig, Wien, Zürich: Internationaler Psychoanalytischer Verlag.

Mark Solms

›Traumdeutung‹
und Neurowissenschaften

Die Anfänge der neurowissenschaftlichen Traumforschung reichen bis in die Zeit kurz nach Freuds Tod zurück. Die ersten Untersuchungen dieser neuen Forschungsrichtung führten zu Ergebnissen, die, wie es schien, mit den in Freuds *Traumdeutung* dargestellten psychologischen Schlußfolgerungen schwerlich in Einklang zu bringen waren. Der erste größere Durchbruch gelang Aserinsky und Kleitman im Jahre 1953, als sie einen eigenartigen physiologischen Zustand entdeckten, der während des gesamten Nachtschlafs in circa 90-minütigen Zyklen periodisch auftritt, insgesamt etwa 25 % der gesamten Schlafdauer ausmacht und u. a. durch folgende Merkmale gekennzeichnet ist: gesteigerte Aktivierung des Gehirns, plötzlich auftretende Abfolgen von raschen Augenbewegungen (englisch: rapid eye movements – REM), beschleunigte Atem- und Herzfrequenz, genitale Erektion sowie Lähmung aller Körperbewegungen (mit Ausnahme der Atmung und der Augenbewegungen). Es handelt sich also, kurz gesagt, um einen paradoxen physiologischen Zustand – paradox insofern, als man in dieser Verfassung gleichzeitig hoch erregt ist und tief schläft. Von daher überrascht es uns nicht, daß Aserinsky und Kleitman sogleich vermuteten, daß dieser REM-Schlafzustand (unter dieser Bezeichnung wurde er bald bekannt) die äußere Manifestation dessen sei, was subjektiv als Träumen erlebt wird. Dieser Verdacht wurde auch bald darauf bestätigt, und zwar von Aserinsky und Kleitman selbst (1955) sowie von Dement und Kleitman (1957a, 1957b). Es gilt heutzutage als gesichert, daß Schläfer im Schlaflabor, die man gegen Ende einer REM-Schlafphase weckt und nach Träumen befragt, bei bis zu 95 % solcher Weckungen angeben, geträumt zu haben, wohingegen beim Wecken aus Non-REM-Schlaf nur in 5 bis 10 % der Fälle mit Traumberichten zu rechnen ist.

Diese frühen Entdeckungen sorgten bei den Neurowissenschaftlern für beträchtliches Aufsehen, schien es doch, als habe man zum erstenmal eine objektive, körperliche Manifestation des Träumens – also des subjektivsten aller psychischen Zustände – konkret zu fassen bekommen. Jetzt blieb anscheinend nur noch eines zu tun übrig, nämlich die neuronalen Mechanismen aufzudecken, auf denen der REM-Schlafzustand beruht, und schon wäre kein geringeres Ziel erreicht als die Erkenntnis, wie das Gehirn Träume hervorbringt. Da der REM-Zustand bei fast allen Säugetieren nachweisbar ist, ließe sich diese

Forschungsarbeit im Prinzip auch an subhumanen Säugetierspezies durchführen, was wiederum einen großen methodischen Vorteil mit sich brächte, da man die betreffenden Gehirnvorgänge im Tierexperiment auf eine Weise beeinflussen kann, wie das bei Untersuchungen am Menschen nicht in Frage kommt.

Alsbald erschienen in rascher Folge eine Reihe von Forschungsstudien, bei denen man systematisch (bei Katzen) unterschiedliche Teile des Gehirns entfernt hatte, um auf diese Weise exakt einzugrenzen, welche Hirnstrukturen den REM-Schlaf hervorrufen. Auf dieser Grundlage vermochte Jouvet 1962 festzustellen, daß REM (und damit das Träumen) von einer kleinen Formation von Nervenzellen im Bereich der zum Stammhirn gehörigen *Brückenregion (Pons)* ausgelöst wird. Dieser Teil des Zentralnervensystems ist knapp oberhalb des Rückenmarks nahe dem Genickansatz gelegen. Die höheren Funktionsebenen des Gehirns, etwa die Großhirnhemisphären, die den größten Teil der Schädelhöhle ausfüllen, schienen demgegenüber bei der Traumentstehung keinerlei kausale Rolle zu spielen. Solange nur die Brückenregion intakt ist, treten REM-Schlafphasen mit monotoner Regelmäßigkeit während der gesamten Schlafdauer auf – und das selbst dann, wenn beide Großhirnhemisphären vollständig entfernt wurden.

Die neurowissenschaftliche Erforschung der Mechanismen des REM-Schlafs setzte sich auch in der Folgezeit vorerst auf dieser Linie fort, wobei eine breite Vielfalt unterschiedlicher Methoden eingesetzt wurde. Etwa Mitte der siebziger Jahre war daraus ein detailliertes Bild der Neuroanatomie und Neurophysiologie des ›Traumschlafs‹ entstanden, das seinen Niederschlag im *Modell der reziproken Interaktion* und im *Aktivierungs-/Synthese-Modell* von McCarley und Hobson (1975, 1977) gefunden hat, die seither die herrschende Meinung zu dem Thema darstellen – bzw. bis vor kurzem dargestellt haben, wie wir aus später ersichtlichen Gründen einschränken müssen. In den beiden genannten Modellen geht man davon aus, daß REM-Schlafphasen und das damit verbundene Träumen buchstäblich »angeschaltet« werden von einer tief in der Pons-Region des Hirnstamms gelegenen kleinen Gruppe von Nervenzellen, indem diese an ihren Nervenendigungen einen Botenstoff namens *Acetylcholin* freisetzen. Hierdurch werden höhere Regionen des Gehirns aktiviert und zur Erzeugung bewußter Vorstellungsbilder angeregt. Diese (angeblich sinnlosen) Vorstellungsbilder stellen nach Meinung der genannten Autoren nichts anderes dar als einen Versuch der höheren Hirnregionen, »aus einem schlechten Job – in Gestalt der Rauschsignale, die ihnen aus dem Hirnstamm heraufgeschickt werden – das Bestmögliche zu machen« (Hobson und McCarley, 1977, S. 1347). Nachdem die REM-Aktivität einige Minuten angedauert hat, wird die cholinerge Aktivierung vom Hirnstamm her wieder heruntergeregelt, und zwar durch die entgegengesetzte Wirkung einer anderen, ebenfalls in der Pons-Region gelegenen Zellformation, von der zwei weitere Botenstoffe freigesetzt werden: *Noradrenalin* und *Serotonin*. Diese aminergen Neurotransmitter bewirken die »Abschaltung« der cholinergen Aktivierung des REM-Schlafzustandes (und damit – gemäß dieser Theorie – automatisch auch die »Abschaltung« des bewußten Traumerlebens). Auf diese Weise wurden all die komplexen psychischen Prozesse, die Freud in der *Traumdeutung* aufgeklärt hatte, kurzerhand beiseite geschoben und durch einen simplen Oszillationsvorgang ersetzt, durch den das Bewußtsein regelmäßig etwa alle 90 Minuten während der gesamten Schlafzeit *automatisch* immer wieder an- und ausgeschaltet wird, und zwar vermittels der reziprok interagierenden Wirkung cholinerger und aminerger Neurotransmittersubstanzen, die, wie gesagt, von Neuronengruppen im Stammhirn freigesetzt werden – einem recht primitiven Abschnitt des Gehirns, der mit komplexeren psychischen Funktionen nichts zu tun hat. Somit schien es, als seien selbst die grundlegendsten Annahmen der Freudschen Theorie unhaltbar geworden: »Die primäre Motivation des Träumens ist nicht psychologischer, sondern physiologischer Art. Dies ist aus der Konstanz und Regelmäßigkeit sowohl des Auftretens als auch der jeweiligen Dauer der Traumschlafphasen zu schließen, die eine vorprogrammierte, neural verankerte Genese vermuten lassen. Tatsächlich sind wir inzwischen in der Lage, die beteiligten neurobiologischen Mechanismen genau anzugeben. [...] Gehen wir davon aus, daß das physiologische Substrat des Bewußtseins im Vorderhirn anzusiedeln ist, so lassen die genannten Tatsachen [gemeint ist die automatische Entstehung der REM-Phasen durch Hirnstamm-Mechanismen] nur den zwingenden Schluß zu, daß die psychische Vorstellungswelt bzw. deren neurale Substrate auf keine denkbare Weise zur primären Triebkraft des Traumprozesses beitragen können.« (Hobson und McCarley, 1977, S. 1346 und S. 1338).

Auf Grund dessen erschien auch die Schlußfolgerung berechtigt, daß die kausalen Mechanismen, die dem Träumen zugrunde liegen, ihrer Natur nach »motivational neutral« seien (so McCarley und Hobson, 1977, S. 1219) und man in den Traumbildern nichts als den Versuch zu sehen habe, »die vom selbstaktivierten Gehirn [brain-mind] produzierte Flut von allenfalls rudimentär organisierten Daten auf einen möglichst passenden Nenner zu bringen« (Hobson, 1988, S. 204). Kurz gesagt: Die Glaubwürdigkeit der Freudschen Traumtheorie wurde durch diese erste Welle von Forschungsergebnissen über den Traumprozeß aus der Sicht der Neurobiologie[1] schwer erschüttert, und die Folge war, daß nicht nur die Neurowissenschaftler, sondern die gesamte wissenschaftliche Welt zur vorpsychoanalytischen Ansicht zurückkehrte: »*Träume sind Schäume*« (Freud, 1900a, S. 150/S. 92).

Es gab jedoch neben den bislang referierten Forschungsergebnissen, aus denen mit der Zeit ein zunehmend detaillierteres Bild der Neurobiologie des REM-

---

[1] Freud hatte bewußt »beiseite [ge]lassen, daß der seelische Apparat, um den es sich hier handelt, uns auch als anatomisches Präparat bekannt ist« (S. Freud, 1900a, S. 512/ S. 314; die zweite Seitenzahl bezieht sich jeweils auf den Reprint der Erstausgabe).

Schlafzustandes entstand, zugleich noch eine zweite, allmählich anwachsende Gesamtheit von Beobachtungen, die offenbar in eine ganz andere Richtung führte und manche Neurowissenschaftler sogar vermuten ließ, *daß der REM-Schlafzustand womöglich gar nicht das physiologische Korrelat des Träumens ist.* Die übliche Formel, Träumen sei lediglich »ein Epiphänomen des REM-Schlafs« (Hobson et al., 1998, S. R12), ist nämlich fast ausschließlich in der Beobachtung begründet, daß beim Aufwecken aus dem REM-Schlafzustand in 70 bis 95 %, dagegen beim Aufwecken aus Non-REM-Schlafphasen nur in 5 bis 10 % der Fälle Traumberichte zu erhalten sind. In Anbetracht der eingeschränkten Zuverlässigkeit subjektiver Erinnerungen (zumal wenn es um Traumerinnerungen geht) kommt dieses Ergebnis einer 100 %igen Korrelation so nahe, wie man vernünftigerweise überhaupt erwarten kann. Gleichwohl stellte sich bald heraus, daß die strikte Abgrenzung zwischen REM-Schlaf (›Traumschlaf‹) und Non-REM-Schlaf (›traumlosem Schlaf‹) in der Form wohl doch nicht zu halten war, da im Schlaflabor tatsächlich bei bis zu 50 % der Weckungen aus Non-REM-Schlaf von den Versuchspersonen über komplexe psychische Abläufe, mit denen sie gerade befaßt waren, berichtet wird. Voraussetzung ist nur, daß man, wie Foulkes (1962) es getan hat, die Versuchspersonen beim Aufwecken fragt: »Was ging Ihnen gerade durch den Kopf?« – und nicht: »Haben Sie gerade geträumt?« Die auf diese Weise erhaltenen Non-REM-Traumberichte erwiesen sich als »mehr gedankenartig«, also weniger sinnlich-bildhaft als die Traumberichte aus REM-Schlafphasen, aber auch diese Unterscheidung gilt nur auf den statistischen Durchschnitt bezogen. Es bleibt die Tatsache bestehen, *daß mindestens 5 bis 10 % der Non-REM-Traumberichte »nach allen Kriterien nicht von den Traumberichten nach dem Aufwecken am Ende einer REM-Phase zu unterscheiden sind«* (Hobson, 1988, S. 143). Solche Untersuchungsbefunde »unterstützen nicht die Annahme einer strikten dichotomen Unterscheidung zwischen REM- und Non-REM-Typen psychischer Vorgänge, sondern legen eher die Hypothese nahe, daß man von einem kontinuierlichen Traumprozeß ausgehen muß, der innerhalb und zwischen den verschiedenen Schlafstadien eine gewisse Variabilität aufweist« (Cavallero et al., 1992, S. 563).

Daß solche Non-REM-Traumberichte sich auch nicht als fehlerinnerte REM-Träume hinwegerklären lassen, wurde offenkundig, als sich herausstellte, daß die Versuchspersonen regelmäßig Traumberichte zu liefern vermochten, *noch bevor sie überhaupt in die erste REM-Phase eingetreten waren.* Wie wir heute wissen, sind Traumberichte tatsächlich bei 50 bis 70 % aller Weckungen während der initialen Schlafphase, d. h. in den ersten Minuten nach dem Einschlafen zu erhalten (Foulkes und Vogel, 1965; Foulkes et al., 1966; Vogel et al., 1972); dies ist ein weit höherer Prozentsatz als zu irgendeinem anderen Zeitpunkt der Non-REM-Schlafphasen, er erreicht fast die Traumhäufigkeit der REM-Schlafphasen. Kürzlich wurde darüber hinaus entdeckt, daß Non-REM-Träume in anwachsender Länge und Häufigkeit gegen Ende der Schlafzeit, also üblicherweise in der Frühmorgenphase des zirkadianen Zyklus auftauchen

(Kondo et al., 1989). Dies würde bedeuten: Non-REM-Träume erscheinen nicht etwa zufällig über den gesamten Schlafzyklus verteilt, sondern *es gibt offenbar auch während der Non-REM-Schlafphasen spezielle Non-REM-Mechanismen der Traumerzeugung.*

Der einzige verläßliche Unterschied zwischen den Traumberichten aus Wekkungen am Ende einer REM-Phase, während der initialen Schlafphase und zu anderen Non-REM-Zeitpunkten besteht darin, daß die REM-Schlaf-Traumberichte durchwegs länger ausfallen. In allen anderen Hinsichten erscheinen die Non-REM- und die REM-Träume praktisch identisch. Damit ist schlüssig bewiesen, *daß Träume mit allen typischen Merkmalen auch ganz unabhängig vom REM-Schlafzustand mit seinen physiologischen Besonderheiten vorkommen.* Gleich welche Erklärung für die enge Korrelation zwischen Träumen und REM-Schlaf gefunden werden mag – die Behauptung, Träumen sei ausschließlich an den REM-Schlafzustand gebunden, ist jedenfalls auf Grund dieser Befunde nicht mehr haltbar.

Die früher angenommene Isomorphie zwischen REM-Schlaf und Träumen wurde auch von anderer Seite noch weiter unterminiert, nämlich durch erst kürzlich gewonnene Erkenntnisse zu den neurobiologischen Vorgängen beim Träumen. Wie schon erwähnt, konnte die Hypothese vom Träumen als bloßem Epiphänomen des REM-Schlafs sich ja lediglich auf die relativ hohe Korrelation zwischen Weckungen am Ende einer REM-Phase und von den Versuchspersonen berichteten Traumerlebnissen stützen. Dies impliziert aber keineswegs, daß REM-Schlaf und Träumen auf ein und demselben Gehirnmechanismus beruhen. In Anbetracht der Entdeckung, daß Träume regelmäßig auch außerhalb der REM-Schlafphasen auftreten, erscheint es vielmehr durchaus möglich, daß REM-Schlaf und Traumaktivität von zwei unterschiedlichen, voneinander unabhängigen Hirnvorgängen gesteuert werden. Diese beiden Mechanismen könnten auch in unterschiedlichen Bereichen des Gehirns lokalisiert sein. Natürlich ist davon auszugehen, daß der Traummechanismus häufig vom REM-Mechanismus *ausgelöst* wird; aber mit der Annahme einer zweistufigen Verursachung der REM-Träume ist zugleich impliziert, daß der Traummechanismus auch durch andere Auslöser, also nicht nur durch den REM-Mechanismus, in Gang gesetzt werden kann – womit erklärt wäre, warum Träume so häufig auch außerhalb des REM-Schlafzustandes vorkommen.

Diese Hypothese, daß es im Gehirn zwei getrennte Mechanismen gibt, einen für den REM-Schlafzustand und einen für das Träumen, läßt sich mittels eines klassischen Standardverfahrens der neurologischen Forschung, der sogenannten Methode der klinisch-anatomischen Korrelation, leicht prüfen: Hierbei werden die Anteile des Gehirns entfernt, deren Zerstörung zum Ausfall des REM-Schlafs führt, und man beobachtet, ob nach wie vor Träume produziert werden oder nicht; im anderen Fall werden die Gehirnregionen entfernt, deren Ausfall mit einem Sistieren der Traumtätigkeit verbunden ist, und jetzt untersucht man, ob immer noch REM-Phasen auftreten oder nicht. Werden die beiden Phänomene – REM-Phasen und Traumtätigkeit – in unterschiedlicher Weise beeinträchtigt (dissoziierte Schädigung), so ist davon auszugehen, daß ihnen unterschiedliche Gehirnmechanismen kausal zugrunde liegen. Werden sie dagegen gleichsinnig und simultan durch Schädigung ein und derselben Hirnstruktur beeinträchtigt, so ist für beide ein einheitlicher neuraler Mechanismus anzunehmen.

Nun ist bereits bekannt, daß die Zerstörung bestimmter pontiner Anteile des Stammhirns (und nur dieser Regionen) bei niederen Säugetieren zu einem kompletten *Ausfall des REM-Schlafs* führt (Jones, 1979), aber beim Menschen – der einzigen Spezies, die in der Lage wäre, uns zu berichten, ob bei einer Zerstörung dieser Strukturen auch das *Träumen* ausfällt oder nicht – sind solche Experimente naturgemäß nicht durchführbar. Zum Glück – für die Wissenschaft – gibt es jedoch gelegentlich neurologische Patienten, bei denen ebendiese Hirnstrukturen durch natürlich vorkommende Ursachen, z. B. Krankheitsprozesse oder unfallbedingte Läsionen, geschädigt sind. 26 solcher Fälle sind in der neurologischen Fachliteratur beschrieben worden, bei denen Schädigungen der Pons-Region zu einem kompletten oder nahezu kompletten Verlust der REM-Schlafphasen geführt hatten.[2] Überraschenderweise wurde aber *nur von einem einzigen* dieser 26 Patienten auch ein Verlust der Traumaktivität angegeben (Feldman, 1971). Bei den übrigen 25 Patienten war diese Korrelation von REM-Schlaf-Verlust und Traumverlust entweder nicht vorhanden, oder es war von den Untersuchern nicht danach gefragt worden. Und umgekehrt war bei allen in der neurowissenschaftlichen Literatur veröffentlichten (insgesamt 110) Fällen, wo eine hirnorganische Schädigung tatsächlich zu einem von den Patienten angegebenen Verlust der Traumaktivität geführt hatte, *regelmäßig ein ganz anderer Bereich des Gehirns geschädigt, während die Pons-Region von der Schädigung völlig ausgespart geblieben war.*[3] Darüber hinaus ließ sich nachweisen, *daß bei diesen Patienten trotz des Traumverlustes die REM-Schlafphasen vollständig erhalten blieben.*[4] Diese eindeutige Dissoziation zwischen REM-Verlust und Traumverlust stellt natürlich die Doktrin vom REM-Schlafzustand als physiologischem Äquivalent des Traumzustandes ernstlich in Frage.

---

[2] Adey et al., 1968; Chase et al., 1968; Cummings & Greenberg, 1977; Feldman, 1971; Lavie et al., 1984; Markand & Dyken, 1976; Osorio & Daroff, 1980 (für die bibliographischen Einzelheiten wird auf Solms, 1997, verwiesen).

[3] Basso, Bisiach & Luzzatti, 1980; Boyle & Nielsen, 1954; Epstein, 1979; Epstein & Simmons, 1983; Ettlinger, Warrington & Zangwill, 1957; Farah, Levine & Calviniano, 1988; Farrell, 1969; Gloning & Sternbach, 1953; Grünstein, 1924; Habib & Sirigu, 1987; Humphrey & Zangwill, 1951; Lyman, Kwan & Chao, 1938; Michel & Sieroff, 1981; Moss, 1972; Müller, 1892; Neal, 1988; Nielsen, 1955; Peña-Casanova et al., 1985; Piehler, 1950; Richie, 1959; Solms, 1997; Wapner, Judd & Gardner, 1978; Wilbrand, 1887, 1892 (bezüglich der weiteren bibliographischen Einzelheiten siehe Solms, 1997).

[4] Benson & Greenberg, 1969; Brown, 1972; Cathala et al., 1983; Efron, 1968; Jus et al., 1973; Kerr, Foulkes & Jurkovic, 1978; Michel & Sieroff, 1981; Murri et al., 1985 (nähere bibliographische Details bei Solms, 1997).

›TRAUMDEUTUNG‹ UND NEUROWISSENSCHAFTEN

Die für das Träumen und die für den REM-Schlaf zuständigen Hirnregionen liegen sowohl anatomisch wie funktionell weit auseinander. Entscheidend für den *REM-Schlaf* sind bestimmte Zellgruppen im Bereich des Pons, einem Teil des Stammhirns, knapp oberhalb der Nackenregion gelegen. Die *Traumfunktion* dagegen ist ausschließlich an die Intaktheit zweier Bereiche gebunden, die in den höheren Abschnitten des Gehirns, nämlich innerhalb der Großhirnhemisphären lokalisiert sind.

Der erste dieser beiden Bereiche liegt beidseits im tiefen Marklager (der weißen Substanz) des Frontallappens, also des vorn oberhalb der Augenhöhlen gelegenen Hirnabschnitts. Dieser Teil des Frontallappens enthält einen starken Faserzug, der Impulse aus dem Mittelhirn durch Ausschüttung einer Neurotransmittersubstanz namens *Dopamin* an die höheren Etagen des Gehirns weitervermittelt. Bei einer Schädigung dieser Bahn fällt das Träumen aus, während der REM-Schlafzyklus völlig intakt bleibt (Jus et al., 1973). Dies spricht für die Vermutung, daß das Träumen durch einen ganz anderen Mechanismus hervorgerufen wird als der REM-Schlaf. Diese Hypothese wird in starkem Maße durch eine weitere Beobachtung unterstützt, nämlich daß durch eine chemische Stimulierung dieser dopaminergen Bahn (durch Medikamente wie z. B. L-Dopa) eine erhebliche Steigerung der Häufigkeit und Lebhaftigkeit der Träume bewirkt wird, und zwar ohne daß irgendein Effekt auf die Häufigkeit und Intensität der REM-Schlafphasen festgestellt werden konnte (Klawans et al., 1978; Scharf et al., 1978; Hartmann et al., 1980; Nausieda et al., 1982). Und umgekehrt läßt sich die durch dopaminerge Stimulation ausgelöste exzessiv häufige und lebhafte Traumaktivität wiederum *abstoppen* durch Dopaminantagonisten wie z. B. die antipsychotisch wirkenden Neuroleptica, welche die dopaminerge Impulsübertragung über diese Bahn blockieren (Sacks, 1985, 1990, 1991). Auf einen Nenner gebracht, bedeutet dies also: *Die Traumaktivität kann über eine neurochemische Bahn »an- und ausgeschaltet« werden, die mit dem REM-Oszillator in der Pons-Region des Stammhirns nichts zu tun hat.*

Was wissen wir nun über die Funktion dieser höher gelegenen Leitungsbahn, die sich als so entscheidend wichtig für die Traumentstehung erwiesen hat? Allem Anschein nach hat sie hauptsächlich die Funktion, »zielorientierte Verhaltensweisen und appetitive Interaktionen des Organismus mit seiner Umwelt in Gang zu setzen« (Panksepp, 1985, S. 273), d. h., über diese Bahn wird das Subjekt dazu *motiviert*, äußere Objekte, die seine inneren biologischen Bedürfnisse zu befriedigen vermögen, aufzuspüren und mit ihnen in Beziehung zu treten. Dies sind aber genau die Funktionen, die Freud (1900a) in seiner Traumtheorie der Libido als primärer Triebkraft der Träume zuschrieb. Insofern ist es für uns von beträchtlichem Interesse zu erfahren, daß eine Beschädigung dieser Leitungsbahn unweigerlich ein Sistieren der Traumaktivität und ebenso eine massive Verminderung spontan motivierten Verhaltens nach sich zieht (Solms, 1997). In Anbetracht der nahen Beziehung zwischen Träumen und bestimmten Formen von Psychosen ist auch eine weitere Beobachtung bedeutsam: Die neurochirurgische Unterbrechung dieser Bahn (wie sie bei den in den fünfziger und sechziger Jahren häufig durchgeführten »psychochirurgischen« Eingriffen, etwa der präfrontalen Leukotomie, in erster Linie angestrebt wurde) führte nicht nur zur Abschwächung bestimmter Symptome der psychotischen Erkrankung, sondern damit einhergehend auch zu einem Verlust der Traumaktivität (Frank, 1946, 1950; Partridge, 1953; Schindler, 1953). Was auch immer es gewesen sein mochte, was die leukotomierten Patienten an der Produktion ihrer psychotischen Symptomatik hinderte – es hinderte sie jedenfalls auch am Träumen.

Kurzum, der derzeitige empirische Forschungsstand der Neurowissenschaften gibt uns allen Grund, Freuds radikale Hypothese, die er vor 100 Jahren in seinem Traumbuch erstmals vorgebracht hat, ernst zu nehmen, nämlich daß Träume *motivierte* Phänomene und ihre Triebkraft *Wünsche* sind. Den (cholinergen) Mechanismus, der für die Entstehung der *REM-Phasen* verantwortlich ist, kann man noch mit einigem Recht als »motivational neutral« bezeichnen; für den (dopaminergen) Mechanismus, der die *Traumaktivität* erzeugt, trifft dies jedoch nicht zu – im Gegenteil: bei diesem zuletzt genannten Mechanismus handelt es sich um das appetitive (d.h. libidinöse) ›Steuerungssystem‹ des Gehirns (Panksepp, 1985, 1998).

Es sieht demnach jetzt so aus, daß der REM-Zustand Träume gar nicht direkt, sondern nur über diesen dazwischengeschalteten motivationalen Mechanismus verursacht. Außerdem ist der *REM-Zustand nur einer von vielen verschiedenen Auslösefaktoren, die diesen Mechanismus zu aktivieren vermögen.* Ebenso wirksam kann dies auch durch eine Vielfalt anderer Triggerreize geschehen, ganz unabhängig vom REM-Schlafzustand, wie das Beispiel der Non-REM-Träume kurz nach Schlafeintritt sowie kurz vor dem morgendlichen Erwachen zeigt; auch die durch L-Dopa (oder sonstige Stimulantien) induzierten Träume sind Beispiele hierfür. Von besonderem Interesse in dieser Hinsicht ist die Beobachtung, daß nächtliche, während des Schlafs auftretende *cerebrale Krampfanfälle* wiederholt auftretende stereotype Alpträume hervorrufen können.[5] Auf Grund der Untersuchungen von Penfield[6] wissen wir heutzutage genau, in welcher Hirnregion solche Anfälle ihren Ursprung haben: nämlich im limbischen System des Temporallappens, das *emotionalen* und *Gedächtnisfunktionen* dient, zu den höheren Strukturen des Vorderhirns gehört und auf viel-

---

[5] De Sanctis, 1896; Thomayer, 1897; Clarke, 1915; Kardiner, 1932; Naville & Brantmay, 1935; Rodin et al., 1955; Ostow, 1954; Epstein & Ervin, 1956; Snyder, 1958; Epstein, 1964; Epstein & Hill, 1966; Epstein, 1967; Boller et al., 1975; Epstein, 1979; Epstein & Freeman, 1981; Solms, 1997 (nähere bibliographische Einzelheiten bei Solms, 1997).

[6] Penfield gelang es, durch direkte Reizung des epileptogenen Fokus im Temporallappen solche wiederkehrenden alptraumartigen Szenen künstlich auszulösen (Penfield, 1938; Penfield & Erickson, 1941; Penfield & Rasmussen, 1955).

fache Weise mit dem oben erwähnten dopaminergen System des Frontallappens in Verbindung steht. Übrigens ist auch bekannt, daß solche nächtlichen Krampfanfälle in der Regel während der Non-REM-Schlafphasen auftreten (Janz, 1974; Kellaway und Frost, 1983). Daß durch solche Mechanismen in den höheren Hirnabschnitten – also ganz unabhängig von der Pons-Region und von den REM-Schlafphasen – Alpträume in Gang gesetzt (gleichsam »angeschaltet«) werden können, darf als weiterer Beweis dafür gelten, daß REM-Phasen einerseits und das Träumen andererseits durch ganz unterschiedliche und voneinander unabhängige Hirnmechanismen entstehen.

Es ist sicher kein Zufall, daß der *gemeinsame Nenner aller dieser verschiedenen Mechanismen, die Träume auszulösen vermögen, darin besteht, daß sie alle einen Zustand gesteigerter cerebraler Erregung (arousal) im Schlaf hervorrufen.* Damit findet eine weitere zentrale Hypothese Freuds aus seiner *Traumdeutung* unerwartete Bestätigung, nämlich die Annahme, Träume seien eine Reaktion auf etwas, das den Schlafzustand störe.[7] Allem Anschein nach vermögen die oben angeführten erregungssteigernden Reize aber nur dann Träume auszulösen, wenn sie das letzte gemeinsame Glied der Kausalkette, eben das beschriebene *Motivationssystem* in den Frontallappen des Gehirns, aktivieren; denn nur wenn dieses System (und nicht nur die auslösenden Triggerreize, einschließlich des REM-Schlafs) ausfällt, ist Träumen nicht mehr möglich. Diese Beziehung zwischen den unterschiedlichen erregungssteigernden Triggerfaktoren einerseits und dem eigentlichen traumauslösenden Mechanismus selbst erinnert an Freuds berühmte Analogie, der zufolge ein Traum nur dann zustande kommt, wenn es dem als »Unternehmer« auftretenden traumauslösenden Reiz gelingt, die Unterstützung eines »Kapitalisten« – in Gestalt eines unbewußten libidinösen Impulses – zu gewinnen, der allein über die Mittel zur Traumproduktion verfügt (Freud 1900a, S. 534f./S. 329f.).

Wir können also festhalten: Die wesentlichen – und allein auf Grund psychologischer Anhaltspunkte gewonnenen – Schlußfolgerungen Freuds hinsichtlich der *Ursachen* und der *Funktion* des Träumens sind alle mit dem heutigen empirischen Forschungsstand der Neurowissenschaften zumindest vereinbar, ja sie werden von dieser Seite her sogar indirekt bestätigt. Gilt dies nun auch für den *Traumprozeß* selbst, den *Mechanismus* des Träumens?

Das derzeitige neurowissenschaftliche Verständnis des Traumprozesses dreht sich im wesentlichen um das Konzept der *Regression*. Nach vorherrschender Ansicht entstehen Vorstellungsbilder (imagery) jeglicher Art, Traumbilder eingeschlossen, im Gehirn, indem »Information innerhalb des Systems zurückproji-

---

[7] Solms (1995, 1997) führt empirische Beobachtungen an, die mit Einschränkungen ebenfalls als Beleg für die Hypothese vom Traum als »Hüter des Schlafes« (Freud, 1900a, S. 400, s. a. S. 240/S. 161) gelten können, nämlich daß Patienten, die infolge einer Hirnschädigung die Fähigkeit zu träumen verloren haben, häufiger über Schlafstörungen klagen als hirngeschädigte Patienten mit intakter Traumfunktion.

ziert wird« (Kosslyn, 1994, S. 75). Dementsprechend werden beim Träumen »innerlich erzeugte Bilder rückwärts in die visuellen Rindenfelder übermittelt, so als kämen sie von außen« (Zeki, 1993, S. 326). Diese Konzeption der Traumbilder kann sich auf umfangreiche neurophysiologische und neuropsychologische Forschungen über vielfältige Aspekte der visuellen Informationsverarbeitung stützen. Darüber hinaus konnte der regressive Charakter der Traumvorgänge kürzlich auch direkt an klinischen Fällen, nämlich Patienten mit neurologischen Erkrankungen, nachgewiesen werden (Solms, 1997).

Was dies betrifft, muß ich zur Erläuterung einen früher angeführten Punkt wieder aufgreifen, nämlich daß das Symptom des Traumverlustes infolge neurologischer Erkrankungen für *zwei* Lokalisationen der betreffenden Hirnschädigung als typisch gelten kann: Zum einen ist es das Marklager der Frontallappen mit dem dopaminergen Trakt, wie schon besprochen. Die zweite in Frage kommende Lokalisation ist ein relativ weit hinten (ungefähr hinter und über den Ohren) gelegener Abschnitt der Großhirnrinde, die sogenannte okzipito-temporo-parietale Übergangsregion. Dieser Bereich des Cortex ist für die höchsten Stufen der Verarbeitung von *Wahrnehmungs*-Informationen zuständig und spielt »bei der *Umsetzung konkreter Wahrnehmung in abstraktes Denken*, das stets auf inneren Schemata beruht, sowie beim *Behalten organisierter Erfahrung* eine wesentliche Rolle – also nicht nur bei der Aufnahme und Kodierung, sondern auch bei der Speicherung von Informationen« (Lurija, 1973, S. 71).

Daß bei Schädigungen dieses Hirnabschnitts das Träumen vollständig ausfällt, läßt uns vermuten, daß die genannten Funktionen (eben die Umsetzung konkreter Wahrnehmungen in abstrakte Gedanken und Erinnerungen) für den gesamten Traumprozeß von ebenso grundlegender Bedeutung sind wie die zuvor beschriebenen motivationalen Funktionen der dopaminergen Bahn im Frontallappen. Trifft die oben erwähnte Theorie zu, der zufolge Traumbilder über einen Prozeß generiert werden, der die *Umkehrung* der normalen Abfolge von Schritten bei der Wahrnehmungsverarbeitung darstellt, so ergibt sich daraus die Vermutung, *daß im Traum abstrakte Gedanken und Erinnerungen in konkrete Wahrnehmungen umgesetzt werden*. Genau dies hatte Freud bereits im Sinn, als er (1900a, S. 519/S. 320) schrieb: »*Das Gefüge der Traumgedanken wird bei der Regression in sein Rohmaterial aufgelöst.*« Als empirischer Beleg für diese Vermutung läßt sich die Beobachtung anführen, daß bei neurologischen Schädigungen der obersten Ebene der Wahrnehmungssysteme (im Bereich der okzipito-temporo-parietalen Übergangsregion) das *Träumen insgesamt* komplett ausfällt, wohingegen Schädigungen auf niederen Ebenen des visuellen Systems, mehr zur Wahrnehmungsperipherie hin (etwa im Bereich des Okzipitallappens), lediglich *spezielle Gestaltqualitäten der Traumbilder* betreffen.[8] Daraus läßt sich der Schluß

---

[8] Charcot, 1883; Adler, 1944, 1950; Brain, 1950, 1954; Macrae & Trolle, 1956; Tzavaras, 1967; Kerr et al., 1978; Botez et al., 1985; Sacks & Wasserman, 1987; Solms, 1997 (dort auch detailliertere bibliographische Angaben).

ziehen, daß der Beitrag der höheren Ebenen dem der niederen Ebenen bei der Traumentstehung *vorangeht*. Denn bei Schädigungen der höheren Ebenen ist das Träumen vollständig unterbunden, während Schädigungen der niederen Ebenen sich nur noch auf die Endphase des Traumentstehungsprozesses auswirken. Dies ist das genaue Gegenteil dessen, was man in bezug auf die Wahrnehmung im Wachzustand beobachtet, die gerade bei Schädigungen der *untersten* Systemebenen vollständig ausfällt. Mit anderen Worten: *Beim Träumen wird die normale Stufenfolge des Wahrnehmungsprozesses umgekehrt.*

Das vorliegende neurowissenschaftliche Datenmaterial ist also durchaus vereinbar sowohl mit Freuds Vorstellungen darüber, wo und wie der Traumprozeß *initiiert* wird (nämlich ausgelöst durch einen erregenden Reiz, der die emotionalen und motivationalen Systeme aktiviert), als auch wo und wie er *abgeschlossen* wird (nämlich ausgehend von abstrakten Gedanken in den Gedächtnissystemen, die – gewissermaßen rückwärts projiziert – in den Wahrnehmungssystemen zu konkreten Bildvorstellungen werden).

Heutzutage ist es sogar möglich geworden, die Verteilung der neuralen Aktivität im träumenden Gehirn tatsächlich direkt sichtbar zu machen. Mit Hilfe der modernen neuroradiologischen Methoden lassen sich Bilder von den Verteilungsmustern der Stoffwechselaktivität im lebenden Gehirn darstellen, während es mit einer bestimmten Aufgabe befaßt ist, also eine spezielle Funktion ausübt. Während des Träumens zeigen diese Bilder ganz deutlich, wie die energetischen ›Besetzungen‹, wie Freud das genannt hätte, hauptsächlich in den oben erwähnten anatomischen Arealen konzentriert sind: zum einen in den frontalen und limbischen Anteilen des Gehirns, die mit dem Aktivierungsniveau (arousal), mit Emotionen, Gedächtnis und Motivation zu tun haben, und andererseits in den weiter hinten gelegenen Bereichen, die u. a. für abstraktes Denken und visuelle Wahrnehmung zuständig sind.[9]

Diese bildgebenden Verfahren sagen aber auch etwas darüber aus, was wir uns *zwischen* dem Anfang und dem Ende an weiteren Stationen des Traumbildungsprozesses eingefügt zu denken haben. Diesbezüglich ist wohl das auffälligste Merkmal des träumenden Gehirns in der Tatsache zu erkennen, daß eine Hirnregion, die man als *dorsolateralen Frontalhirnbereich* bezeichnet, während des Träumens vollkommen inaktiv ist. Dies ist um so bemerkenswerter, als ebendieser Bereich, der beim Träumen inaktiv ist, im Wachzustand während geistiger Betätigung zu den aktivsten Hirnregionen gehört (Ingvar, 1979). Vergleicht man die mit diesen Verfahren gewonnenen Bilder des wachen mit denen des träumenden Gehirns, so kann man tatsächlich direkt sehen, wie recht Fechner (1889) mit seiner auch von Freud zitierten Vermutung hatte, daß der »*Schau-*

---

[9] Braun et al., 1997, 1998; Franck et al., 1987; Franzini, 1992; Heiss et al., 1985; Hong et al., 1995; Madsen, 1993; Madsen & Vorstrup, 1991; Madsen et al., 1991*a*, 1991*b*; Maquet et al., 1990, 1996 (bezüglich der bibliographischen Einzelheiten siehe Braun et al., 1997).

platz der Träume ein anderer ist als der des wachen Vorstellungslebens« (vgl. Freud, 1900a, S. 72/S. 33, S. 512/S. 314). Während sich der ›Schauplatz‹ im Wachleben auf die dorsolaterale Frontalhirnregion im vorderen Teil des Gehirns konzentriert – »das obere Ende des *motorischen* Systems, Schaltstelle zwischen Denken und Handeln« (Solms, 1997, S. 223) –, findet sich beim Träumen die Hauptaktivität im weiter hinten gelegenen Bereich der okzipito-temporo-parietalen Übergangsregion, also im Bereich der Gedächtnis- und *Wahrnehmungssysteme*. Kurzum, beim Träumen verlagert sich die ›Szene‹ vom motorischen zum Wahrnehmungs-Ende des Apparats.[10]

Hierin spiegelt sich auch der veränderte Ablauf des psychischen Geschehens, das im Wachzustand normalerweise in *Handeln* ausläuft, wohingegen im Traum dieser Weg nicht zur Verfügung steht, da die ›Schaltstelle‹ zu den motorischen Systemen, die dorsolaterale Frontalhirnregion, während des Träumens *blockiert* ist (Braun et al., 1997, 1998; Solms, 1997) – ebenso wie die motorischen Outputkanäle, die Alpha-Motoneuronen des Rückenmarks (Pompeiano, 1979). Auf diese Weise ist im Schlaf sowohl die *Absicht* zum Handeln als auch die *Fähigkeit* zum Handeln blockiert, so daß es nur logisch erscheint, daraus (wie Freud es getan hat) den Schluß zu ziehen, daß ebendiese Blockierung die unmittelbare Ursache dafür sein dürfte, daß der Traumprozeß eine regressive Richtung einschlägt – weg von den motorischen und hin zu den Wahrnehmungssystemen des Gehirns (Solms, 1997).

Ein letzter Punkt: Im Schlafzustand sind wesentliche Anteile der reflektiven Systeme am frontalen Ende des limbischen Hirnbereichs weitgehend inaktiviert; infolgedessen werden die innerlich erzeugten, imaginierten Traumszenen vom Träumer unkritisch als reale Wahrnehmungen angenommen. Werden diese reflektiven Systeme (die offensichtlich während des Schlafes *nicht vollständig* inaktiviert sind), z.B. durch eine neurologische Erkrankung geschädigt, so ergeben sich ganz eigenartige Zustände, in denen die betroffenen Patienten während des Schlafs fast ununterbrochen träumen und im Wachzustand außerstande sind, zwischen bloßen Gedanken und realen Wahrnehmungen zu unterscheiden.[11] Dies ist ein weiterer Hinweis darauf, daß der psychische Prozeß – Denken im weitesten Sinne – auch während des Schlafes kontinuierlich weitergeht und nur unter bestimmten physiologischen Bedingungen (unter denen der REM-Schlafzustand eine, aber bei weitem nicht die einzige Bedingung darstellt) die Form des Träumens annimmt.

---

[10] Von besonderem Interesse ist in diesem Zusammenhang auch der Befund, daß die wichtigsten *inhibitorischen*, also erregungs*hemmenden* Systeme des Vorderhirns an dessen motorischem Ende konzentriert sind, genau wie Freud (1900a, 7. Kap.) es in seinem Schema des psychischen Apparats vorgesehen hatte.

[11] Whitty & Lewin, 1957; Lugaresi et al., 1986; Gallassi et al., 1992; Morris et al., 1992; Sacks, 1995; Solms, 1997 (dort auch die näheren bibliographischen Angaben).

Zusammenfassend ergibt sich aus den Befunden der Neurowissenschaften etwa folgendes Bild des träumenden Gehirns: Der Traumprozeß wird initial in Gang gesetzt durch einen Reiz, der eine Aktivierungsreaktion (arousal) auslöst. Ist dieser Reiz hinreichend intensiv oder anhaltend, um die Motivationssysteme des Gehirns zu aktivieren oder auf sonstige Weise deren Interesse zu erregen, so setzt der eigentliche Traumprozeß ein. Normalerweise (im Wachzustand) ist die Funktion dieser Motivationssysteme des Gehirns das Zustandebringen einer auf das Ziel des Motivs oder Interesses hin ausgerichteten Handlung; aber da der Zugang zu den motorischen Systemen während des Schlafs blockiert ist und dadurch die normalerweise resultierende zielorientierte Handlung nicht zustande kommen kann (möglicherweise auch noch aus einem anderen Grund: nämlich um den Schlaf zu schützen), schlägt der Aktivierungsprozeß einen regressiven Weg ein, und zwar offenbar in zwei Stufen: Zunächst werden die höheren Ebenen der Wahrnehmungssysteme (die für Gedächtnis und abstraktes Denken zuständig sind) aktiviert, als nächstes die für den konkreten Bildaufbau zuständigen untergeordneten Systeme. Das Ergebnis dieses regressiven Prozesses ist, daß der Träumer im Schlaf nur in seiner *Vorstellung* und nicht in *Wirklichkeit* sich gemäß seinen Motiven handelnd betätigt. Aber da während des Schlafs die reflexiven Systeme am frontalen Ende des limbischen Systems inaktiviert sind, merkt der Träumer den Unterschied nicht, nimmt die imaginierte Traumszene unkritisch als Wirklichkeit an und verkennt sie als reale Wahrnehmung.

Es gibt allerdings nach wie vor in bezug auf das träumende Gehirn vieles, was wir noch nicht verstanden haben. So sind z. B. auch die neurologischen Entsprechungen einiger zentraler Komponenten der von Freud beschriebenen »Traumarbeit« noch nicht entdeckt; besonders gilt das für die Funktion der »Zensur«. Allerdings hat sich in jüngster Zeit doch zumindest ein Ansatz zum Verständnis der neurologischen Korrelate gerade dieser Funktion ergeben (Solms, 1998), und wir wissen jedenfalls zumindest so viel, daß die hierfür am ehesten in Frage kommenden Hirnstrukturen während des Traumschlafs hochaktiv sind (Braun et al., 1997, 1998).

Hoffentlich habe ich meinen Lesern in diesem kurzen Überblick verdeutlichen können, daß das Bild vom träumenden Gehirn, das auf Grund der jüngsten Forschungsbeiträge der Neurowissenschaften allmählich Gestalt annimmt, in den wesentlichen Zügen mit der von Freud in seiner *Traumdeutung* entworfenen Theorie durchaus vereinbar ist. Mehr noch: Die Freudsche Konzeption der träumenden Psyche ist in manchen Aspekten in derart schlüssiger Übereinstimmung mit dem erst heute zur Verfügung stehenden neurowissenschaftlichen Datenmaterial, daß ich persönlich sogar der Meinung bin, wir wären gut beraten, Freuds Modell als Orientierungsrahmen für die nächste Phase unserer neurowissenschaftlichen Untersuchungen zu nutzen. Im Unterschied zur Hauptforschungsrichtung der vergangenen Jahrzehnte muß jetzt die oben skizzierte Neueinschätzung der Rolle des REM-Schlafs den Ausgangspunkt bilden für die nächste Etappe in der Erforschung der Hirnmechanismen beim Träumen, wenn diese zum Erfolg führen soll. Hatte bislang der REM-Schlaf unsere Aufmerksamkeit allzu sehr gefesselt und von den neuro*psychologischen* Mechanismen des Träumens abgelenkt, so wäre er nach den neueren Erkenntnissen schlicht unter die vielfältigen »somatischen Traumquellen« einzuordnen, die Freud im 1. und im 5. Kapitel der *Traumdeutung* erörtert hat. Die Hauptzielrichtung künftiger Forschungsbemühungen sollte statt dessen auf die Erhellung der Hirnvorgänge gerichtet sein, die das neurale Korrelat zu den von Freud im 6. und 7. Kapitel seines Buches geschilderten Mechanismen darstellen – den Mechanismen der eigentlichen Traumarbeit.

»Vorläufig wollen wir uns über die Überschätzung der nicht aus dem Seelenleben stammenden Reize zur Traumbildung nicht verwundern. Nicht nur daß diese allein leicht aufzufinden und selbst durchs Experiment zu bestätigen sind; es entspricht auch die somatische Auffassung der Traumentstehung durchwegs der heute in der Psychiatrie herrschenden Denkrichtung. Die Herrschaft des Gehirns über den Organismus wird zwar nachdrücklichst betont, aber alles, was eine Unabhängigkeit des Seelenlebens von nachweisbaren organischen Veränderungen oder eine Spontaneität in dessen Äußerungen erweisen könnte, schreckt den Psychiater heute so, als ob dessen Anerkennung die Zeiten der Naturphilosophie und des metaphysischen Seelenwesens wiederbringen müßte. Das Mißtrauen des Psychiaters hat die Psyche gleichsam unter Kuratel gesetzt und fordert nun, daß keine ihrer Regungen ein ihr eigenes Vermögen verrate. Doch zeugt dies Benehmen von nichts anderem als von einem geringen Zutrauen in die Haltbarkeit der Kausalverkettung, die sich zwischen Leiblichem und Seelischem erstreckt. Selbst wo das Psychische sich bei der Erforschung als der primäre Anlaß eines Phänomens erkennen läßt, wird ein tieferes Eindringen die Fortsetzung des Weges bis zur organischen Begründung des Seelischen einmal zu finden wissen. Wo aber das Psychische für unsere derzeitige Erkenntnis die Endstation bedeuten müßte, da braucht es darum nicht geleugnet zu werden« (Freud 1900a, S. 66f./S. 28f.).

(Aus dem Englischen übersetzt von Hermann Schultz.)

Bibliographie

Aserinsky, E., & Kleitman, N. (1953) Regularly occurring periods of eye motility and concurrent phenomena during sleep. *Science* 118:273–74.
Aserinsky, E., & Kleitman, N. (1955) Two types of ocular motility during sleep. *J.Appl. Physiol.* 8:1–10.
Braun, A., et al. (1997) Regional cerebral blood flow throughout the sleep-wake cycle. *Brain* 120:1173–97.
Braun, A., et al. (1998) Dissociated pattern of activity in visual cortices and their projections during human rapid eye movement sleep. *Science* 279:91–95.
Cavallero, C., et al. (1992) Slow wave sleep dreaming. *Sleep* 15:562–66.
Dement, W., & Kleitman, N. (1957a) Cyclic variations in EEG during sleep and their relation to eye movements, body mobility and dreaming. *Electroenceph.Clin.Neurophysiol.* 9:673–90.
Dement, W., & Kleitman, N. (1957b) The relation of eye movements during sleep to dream activity: An objective method for the study of dreaming. *J.Exp.Psychol.* 53:89–97.
Fechner, G. (1889) *Elemente der Psychophysik.* Leipzig: Breitkopf & Härtel.
Feldman, M. (1971) Physiological observations in a chronic case of »locked-in« syndrome. *Neurol.* 21:459–78.
Foulkes, D. (1962) Dream reports from different stages of sleep. *Abn.Soc.Psychol.* 65:14–25.
Foulkes, D., Spear, J., Symonds, J. (1966) Individual differences in mental activity at sleep onset. *J.Abn.Psychol.* 71:280–86.
Foulkes, D., & Vogel, G. (1965) Mental activity at sleep onset. *Abn.Soc.Psychol.* 70:231–43.
Frank, J. (1946) Clinical survey and results of 200 cases of prefrontal leucotomy. *J.Ment.Sci.* 92:497–508.
Frank, J. (1950) Some aspects of lobotomy (prefrontal leucotomy) under psychoanalytic scrutiny. *Psychiatry* 13:35–42.
Freud, S. (1900a) *Die Traumdeutung. Studienausgabe,* Bd. 2. Frankfurt am Main: S. Fischer.
Hartmann, E., Russ, D., Oldfield, M., Falke, R., Skoff, B. (1980) Dream content: effects of L-DOPA. *Sleep Res.* 9:153.
Hobson, J. (1988) *The Dreaming Brain.* New York: Basic Books.
Hobson, J., Stickgold, R., Pace-Schott, E. (1998) The neuropsychology of REM sleep dreaming. *NeuroReport* 9:R1-R14.
Hobson, J., McCarley, R. (1977) The brain as a dream-state generator. *Am.J.Psychiatr.* 134:1335–68.
Ingvar, D. (1979) Hyperfrontal distribution of the cerebral grey matter blood flow in resting wakefulness: On the functional anatomy of the conscious state. *Acta Neurologica Scandinavica* 60:12–25.

Janz, D. (1974) Epilepsy and the sleep-waking cycle. In: *Handbook of Clinical Neurology*, Vol.15, P.Vinken & G. Bruyn, Eds., Amsterdam: Elsevier, 457–90.

Jones, B. (1979) Elimination of paradoxical sleep by lesions of the pontine gigantocellular field in the cat. *Neurosci. Letters* 13:285–93.

Jouvet, M. (1962) Recherches sur les structures nerveuses et les mécanismes responsables des différentes phases du sommeil physiologique. *Arch.Ital.Biol.* 153:125–206.

Jus, A., et al. (1973) Studies on dream recall in chronic schizophrenic patients after prefrontal lobotomy. *Biol.Psychiatry* 6:275–93.

Kellaway, P., & Frost, J. (1983) Biorhythmic modulation of epileptic events. In: *Recent Advances in Epilepsy*, Vol.I, ed. by T. Pedley & B. Meldrum, Edinburgh & London: Churchill Livingstone, 139–54.

Klawans, H., Moskowitz, C., Lupton, M., Scharf, B. (1978) Induction of dreams by levodopa. *Harefuah* 45:57–59.

Kondo, T., Antrobus, J., Fein, G. (1989) Later REM activation and sleep mentation. *Sleep Res.* 18:147.

Kosslyn, S. (1994) *Image and Brain*. Cambridge/Mass.: MIT Press.

Lurija, A.J. (1973, dt. 1992) *Das Gehirn in Aktion. Einführung in die Neuropsychologie.* Reinbek bei Hamburg: Rowohlt-TB.

McCarley, R., & Hobson, J.A. (1975) Neuronal excitability modulation over the sleep cycle: a structural and mathematical model. *Science* 189:58–60.

McCarley, R., & Hobson, J.A. (1977) The neurobiological origins of psychoanalytic dream theory. *Am. J.Psychiatry* 134: 1211–21.

Nausieda, P., et al. (1982) Sleep disruption in the course of chronic levodopa therapy: an early feature of the levodopa psychosis. *Clin.Neuropharmacol.* 5:183.

Panksepp, J. (1985) Mood changes. In: *Handbook of Clinical Neurology*, Vol. 45, ed. by P. Vinken, G. Bruyn, H. Klawans, Amsterdam: Elsevier, 271–85.

Panksepp, J. (1998) *Affective Neuroscience*. Oxford, New York: Oxford University Press.

Partridge, M. (1950) *Pre-Frontal Leucotomy: A Survey of 300 Cases Personally Followed for 1½–3 Years*. Oxford: Blackwell.

Penfield, W. (1938) The cerebral cortex in man. I: The cerebral cortex and consciousness. *Arch.Neurol.Psychiatr.* 40:417–42.

Penfield, W., & Erickson, T. (1941) *Epilepsy and Cerebral Localization*. Springfield: Thomas.

Penfield, W., & Rasmussen, T. (1955) *The Cerebral Cortex of Man*. New York: MacMillan.

Pompeiano, O. (1979) Cholinergic activation of reticular and vestibular mechanisms controlling posture and eye movements. In: *The Reticular Formation Revisited*, ed. by J.A. Hobson & M. Brazier, New York: Raven, 473–572.

Sacks, O. (1985) *Der Mann, der seine Frau mit einem Hut verwechselte*. Reinbek bei Hamburg: Rowohlt-TB.

Sacks, O. (1990) *Zeit des Erwachens*. Reinbek bei Hamburg: Rowohlt-TB.

Sacks, O. (1991) Neurological dreams. *MD*, Feb.1991, 29–32.

Scharf, B., Moskowitz, C., Lupton, C., Klawans, H. (1978) Dream phenomena induced by chronic levodopa therapy. *J. Neural Transmission* 43:143–51.

Schindler, R. (1953) Das Traumleben der Leukotomierten. *Wiener Ztschr.f.Nervenheilk.* 6:330.

Solms, M. (1995) New findings on the neurological organization of dreaming: implications for psychoanalysis. *Psychoanal. Q.* 64:43–67.

Solms, M. (1997) *The Neuropsychology of Dreams*. Mahwah, N.J.: Erlbaum.

Solms, M. (1998) Psychoanalytische Beobachtungen an vier Patienten mit ventromesialen Frontalhirnläsionen. *Psyche* 52:919–62.

Vogel, G., Barrowclough, B., Giesler, D. (1972) Limited discriminability of REM and sleep onset reports and its psychiatric implications. *Arch.Gen.Psychiatr.* 26:449–55.
Zeki, S. (1993) *A Vision of the Brain.* Oxford: Blackwell.